机关工作决策与执行

贾蕾　甄瑞　甄巽　编著

中国农业大学出版社
·北京·

内 容 简 介

决策与执行能力是机关工作人员必须具备的基本能力。本书以机关工作决策与执行为主题，从机关决策的特点、决策问题的确定、决策方案的选择、决策方案的执行以及创新决策思维、避免决策陷阱、领导的决策作用等方面详细介绍了领导决策与决策执行相关知识。本书采用讲理论与举案例相结合的写作形式，既有日常机关工作决策与执行事例，也有对国内外农业政策的分析与思考，内容贴近农业、贴近工作、贴近生活，是农业部门机关工作人员提高机关工作决策与执行能力的有益参考书。

图书在版编目(CIP)数据

机关工作决策与执行 / 贾蕾，甄瑞，甄巽编著. —北京：中国农业大学出版社，2017.11

ISBN 978-7-5655-1931-4

Ⅰ.①机… Ⅱ.①贾…②甄…③甄… Ⅲ.①国家行政机关-工作-研究-中国 Ⅳ.①D630.1

中国版本图书馆 CIP 数据核字(2017)第 260480 号

书　　名　机关工作决策与执行
作　　者　贾蕾　甄瑞　甄巽　编著

策划编辑	林孝栋	**责任编辑**	韩元凤
封面设计	郑　川		
出版发行	中国农业大学出版社		
社　　址	北京市海淀区圆明园西路 2 号	**邮政编码**	100193
电　　话	发行部 010-62818525，8625	读者服务部	010-62732336
	编辑部 010-62732617，2618	出　版　部	010-62733440
网　　址	http://www.caupress.cn	**E-mail**	cbsszs@cau.edu.cn
经　　销	新华书店		
印　　刷	涿州市星河印刷有限公司		
版　　次	2017 年 11 月第 1 版　　2017 年 11 月第 1 次印刷		
规　　格	787×1 092　　16 开本　　10.5 印张　　130 千字		
定　　价	48.00 元		

前　　言

随着国家对农业行业的重视，涉及农业、农村、农民的相关政策越来越多地受到社会各界的关注，在对农业部门干部职工的调查中发现，他们在政策制定与执行方面的压力很大，对于如何做决策、如何有效执行决策的需求迫切。对此，我们加强相关研究，了解培训班学员情况，并在部分农业干部教育培训班次上开设了相关课程，受到学员的欢迎。本书是我们在培训课程的基础上，结合近年来的研究成果而形成的，旨在为更多的农业系统干部提供一本贴近农业、贴近工作、贴近生活的参考书籍。希望本书能够帮助大家进一步提高机关工作决策与执行的能力和水平。

作者

2017 年 9 月

目　　录

决策是机关工作人员的基本职责，机关工作人员的作用和地位在很大程度上是通过决策体现出来的。在每天的机关工作中，我们的决策能力都在经受着各种挑战和考验，决策能力决定了一名机关工作人员的成长速度，也决定着一家单位在事业上能否取得长期的成功。如何才能高效率地做出科学的决策？要充分认识决策的理论，了解决策发生的机制以及影响决策的因素；要逐渐改变我们的决策思维，掌握适合自己的决策思维方法；要在日常工作中多练习，让科学决策思维转化成自觉的行动，使你的决策更明智、更有效。

第一章　重视每一次决策

决策是普遍存在于人类社会各个领域的一种活动。不知你是否意识到，从早到晚，每个人的工作生活中都充满了决策。比如，早餐吃什么？上班穿什么？到达办公室后，是先打水还是先扫地？开始工作了，先把昨天未完成的事情干完，还是先去做领导今天交办的紧急任务？面对上述问题时，你的大脑会先确定一个目标，调动过去的经验或已掌握的信息进行客观分析，在几个可能的选择中做出选择判断，下达行动命令并开始执行。这个过程就是决策。决策既可以指做出的决定或命令的内容，也可以指做出决定或命令的整个行为过程。本书所指的决策主要指做出决策的行为过程，决策的结果用决定来表述。

第一节　你认识决策吗

熟悉的决策

决策就像是人类与生俱来的能力，从出生下来我们就能够做决策。每一个不会说话的婴儿，在感到饿了、不舒服了、需要大人的关注了、尿床了的时候，都会哇哇大哭，以此来解决问题。尽管婴儿不知道决策是如何做出的，但不妨碍每个婴儿在遇到问题时本能地做出的哭的决定。随着个人成长，面临的决策问题越来越多，我们也积累了越来越丰富的做决策的经验。比如，参加重要活动穿深色上衣还是浅色上衣？第一次，你决定穿深色上衣，并体验到了穿深色上衣带来的效果；第二次，你决定穿浅色上衣，也感受到了穿浅色上衣的效果；第三次，你比较了前两次不同的感受和体验，就知道应该穿哪件上衣。

生活中，我们经常在重复处理前一天处理过的问题。早餐吃什么？今天穿什么？孩子谁来接送？到菜市场买什么？由于在之前的日子里已经将可能的选择都体验了一次，于是很容易凭借已有的经验找到那个最好的决定。

机关工作决策更是充满了重复。由于机构的职责是明确的，每个人的岗位是明确的，岗位工作任务也是明确的，同样一件事情前人已经重复了许多次，甚至可能你自己也已经重复了许多次，形成了相对科学的工作制度和程序，我们只需要按照要求决策就能做出最好的决定。

决策是人类与生俱来的能力，决策是人们在长期的工作生活实践中形成的必备技能，即使没有经过专门的学习和研究，人们也能凭借生活的经验和阅历做出好的决策。

陌生的决策

然而，人们也会发现自己对决策也不如想象中那么熟悉。面对新情况新问题，如果不让我们去体验每一种选择的结果，没有经验的指导，许多人都不知道该如何处理，如何才能做出科学的决策。特别是当这个决策很重要的时候，更是不敢随意决策。比如，买房子后发现屋顶漏水，咨询物业后被告知由于房屋老旧很难维修，能马上换房吗？不能，所以只能在这间漏水的屋子里凑合住。比如，领导交办的重要任务没办好，肯定会影响领导对你工作能力的评价，可能接下来一段时间都不会把重要的任务交给你。比如，大学生的职业规划，一旦选择了不喜欢或不适合的职业，决策失误的影响将会持续几年、十几年甚至几十年，而且难以弥补。由于害怕决策失败带来的结果，许多人面对决策时都会出现犹豫不决、不愿意改变的情况。

我们习惯重复的工作和生活，可社会的发展却在不断的前进中，每天依旧充满了大量的重复事件，但新的问题也在更大量的涌现。面对没有经历过的问题时该如何做好决策，是当下我们需要不断学习的事情。提前计划好了活动方案，突然被告知有重要的领导不来了；刚准备下班，接到一个紧急通知，要求明天上午 9 点前提交一份报告材料。面对工作中的一次次挑战和考验，我们需要对决策理论进行深入的学习，了解决策的具体过程，熟悉做出科学决策的关键因素，掌握科学决策的方法和技巧，不断提升决策能力和决策水平。

决策是一门综合科学，包括哲学、管理学、数学、经济学、心理学、组织行为学等多门学科知识。科学的决策需要科学的理论为指导，要能够运用辩证唯物主义和历史唯物主义的基本原理，做到理论与实践相结合、主观与客观相结合、上情与下情相结合。科学的决策需要遵循事物发展的客观规律，要透过表面现象找到问题的本质，把握工作规律和事物发展的规律。科学的决策需要了解大脑的工作原理，把握思维的特点，掌握思维的艺术，避免思维的误区。科学的决策需要分析相关人员的心理活动和行为模式，才能提高预判性、掌握主动性，从而做出科学的决定。

重要的决策

对于机关工作人员而言，决策能力是必须掌握的基本功。只有提高机关工作人员的决策能力，才能不断推进机关工作决策的科学化和民主化。

第一，决策是机关工作的主要内容。工作如何推进，事业如何发展，都需要机关工作人员出主意、做决策。以部门负责人为例，每天的工作就是考虑如何充分发挥本部门的各种资源，让人力、物力、财力发挥到极致，做出更大的贡献。

第二，决策是衡量工作能力的评判标准。组织在考察一名机关工作人员是否优秀时，没有足够时间去全面了解他的方方面面，通常只是通过工作简历来看他干了什么，做过什么样的决策，这个决策产生了什么样的结果。如果结果很好，说明这个人有水平；如果结果不好，说明这个人能力有限，还需要培养。

据 2016 年 08 月 24 日《京华时报》报道，两个月前，湖北省仙桃市发生部分群众反对建设垃圾焚烧发电项目事件。近日，湖北省纪委就此发布问责通报，因在事件中领导不力、工作失职，造成恶劣影响，湖北省委决定，免去仙桃市委书记冯云乔（副厅级）职务，终止其提拔任用程序。

据了解，冯云乔于1962年9月生，工学硕士。曾任应城市副市长，孝昌县委常委、副县长，孝感市科技局(委)局长(主任)、党组书记，孝感市科协主席、党组书记，大悟县委副书记、县长，汉川市委副书记、市长，汉川市委书记等职务。

湖北省纪委认为，因在处置仙桃市重大群体性事件中领导不力、工作失职，造成恶劣影响，湖北省委决定，免去仙桃市委书记冯云乔(副厅级)职务，终止其提拔任用程序，另行安排工作。同时，对仙桃市长周文霞和市委秘书长郑章均作诫勉谈话处理。

追问1 何事引发群体事件?

建垃圾焚烧发电厂，附近居民不知晓。

仙桃市生活垃圾焚烧发电厂(下称垃圾焚烧发电厂)，其主要功能是消纳仙桃市区和周边乡镇的生活垃圾。项目位于仙桃市干河办事处郑仁口村。

今年6月25日，湖北省仙桃市居民为抗议垃圾焚烧发电厂建设，走上街头。仙桃官方试图说服市民，建垃圾焚烧发电厂对仙桃市具有显著的经济效益、社会效益和环境效益。

抗议民众则认为，仙桃市政府刻意隐瞒垃圾焚烧发电厂建设，从选址到招标和建设已超过两年，除官方在网上公示，更多居民无从知情。该垃圾焚烧发电厂在建设施工中也未打标语，其用途附近居民甚至都不知晓。

仙桃市长周文霞曾亲自走到街头与抗议居民对话。最终，仙桃市人民政府新闻办公室通过官方微博发布通告称，经市委市政府研究，决定停止“生活垃圾焚烧发电项目”。

追问 2　处置存在何等问题?

工作落实不力,事发 15 小时到场。

据湖北省执纪人员介绍,冯云乔作为仙桃市委主要负责人,在处置该问题中思想重视不够、责任担当不强、工作落实不力,是导致事件由小变大,最后酿成重大群体性事件的重要原因。

"他麻痹大意,没有真正履职尽责",执纪人员表示。直到事发 15 个小时后,事态恶化,冯云乔才从武汉家里赶回仙桃现场处置。而他在事件处置过程中,还存在未检查督办应急处置措施落实情况、不按规定报送紧急信息等问题。

执纪人员表示,对冯云乔等的问责与《问责条例》第六条第一项规定的"在处置本地区本部门本单位发生的重大问题中领导不力,出现重大失误,给党的事业和人民利益造成严重损失,产生恶劣影响"情形相符。①

第三,重要决策将影响人生的发展轨迹。比如,鲁迅最早到日本留学是希望成为医生治病救人,后来发现医学只能解救病人肉体的痛苦,要真正解救自己的民族,首先要救治人的精神,唤醒民众的觉悟,到第二学年结束后,思想观念发生了转变,决定弃医从文,走上了不同的人生道路。

① http://fanfu.people.com.cn/n1/2016/0824/c64371-28660558.html

第二节　决策基本过程

找准问题

决策的第一件事就是要能够准确找出最值得被解决的问题。在时间有限、人力有限、精力有限的情况下，为什么针对这个问题进行决策，而不是针对其他问题进行决策？

有些问题是显性的，它会自动出现在我们面前的。比如，电脑死机了、打印纸用完了、交上去的稿子被退了、某个活动的经费不够了；或是上级领导直接交办的工作任务。面对这类问题，我们只需要考虑如何去处理和解决即可，不需要对问题本身进行分析和思考。

有些问题是隐性的，它不会以真实的面貌直接出现，而是用其他的伪装后的形象呈现出来，需要我们对看到的现象进行深入分析，找到隐藏在背后的真正原因。比如，针对某项工作的效率不高的问题，就要认真分析是工作流程的原因、客观环境的原因，还是工作人员素质能力的原因，找出最关键的原因作为决策问题。

通常领导会主动把隐性问题找出来，导致我们认为找出问题很简单，从而容易忽视找出问题这一环节。实际上，找出问题才是决策的核心。问题就像是一盏指路的灯，决策问题找的不准，行动的方向就会出现偏差，甚至在决策后期执行的效率越高、距离问题的解决就越远。

明确目标

找准决策问题之后，要对问题进行分解，确定具体的决策目标。决策目标是指在一定的环境和条件下所希望得到的结果。决策目标是根据决策问题来确定的，是制定并选择最终实施方案的出发点和落脚点。对于决策来说，没有目标等于无的放矢，没有目标也不会产生结果。

对于同一个决策问题，可能会有许多决策目标。比如，组织一次基层调研活动，有安全的目标，有人员构成的目标，有调研地点的目标，有调研对象的目标，有时间进度的目标，有经费的目标，有调研成果的目标等等。这就需要决策者对所涉及的决策目标进行排序，明确哪个是最重要的目标，哪个是第二重要的目标，解决问题的决策方案要紧紧围绕最主要目标去制定，在确保第一目标能够实现的情况下，尽量实现第二目标。能够同时实现所有的决策目标是最好的，但如果不能同时实现所有的目标或是两个决策目标发生了冲突，要优先保证排序靠前的目标的实现，将排序靠后的目标从决策目标中删除掉。

制定方案

决策（备选）方案是决策执行的基础。制定备选方案就是针对已经确定的决策问题和决策目标，结合自身工作实际，思考并提出能够解决问题的备选方案。假设，某市要召开一个国际会议，届时会有外国领导人出席，筹备期间一个重要的决策目标是改善空气质量和城市环境，制定的备选方案就可能包括关停部分工业企业、增加城市绿化面积、限制汽车上路、疏导城市人口、人工降雨等内容，而经济发展等就不符合改善控制质量和城市环境这一决策目标的要求。

人们通常理解的决策就是选择，在几个备选方案中选出一个的选择过程，考验的是决策者的选择能力。实际上，人们不缺少选出好方案的能力，缺少的是制定好方案的能力。如果备选方案做得好，都是好点子，臭皮匠也能做出高水平的决策；如果没有好的备选方案，都是烂点子，即使是诸葛亮也很难做出一个高明的决策方案来。

决策更多的是考验决策者充分利用自己所掌握的人力、物力、资金、技术、人际关系等有形或无形资源，进行合理的分配和使用，使收益最大化的资源利用过程。比如，面对同样的一条鱼，不同的厨师做出来的菜都不同，有的清蒸、有的红烧、有的做汤，无论是哪种做法都体现了厨师对自身资源的利用。即使要求大家都做清蒸鱼，不同厨师做出来的味道也不相同，有的好吃、有的不好吃，有的好看、有的不好看，这也是厨师对资源的利用能力的体现。对资源利用得好，能够取得事半功倍的效果。

《史记·高祖本纪》中有一个高祖斩白蛇的故事。汉高祖刘邦做沛县亭长的时候，为县里押送一批农民去骊山修陵。途中大部分人都逃走了。刘邦自己度量，即使到了骊山也会被按罪被杀。于是走到丰县西的涸泽地带就停下来，饮酒大醉，夜里干脆就把剩下的所有农民都放了。并且对他们说："你们都走吧，我从此也要逃跑了。"这些农民中愿意跟随刘邦的有十多个。刘邦带醉行走在丰西泽中，让一个农民在前面探路。这个人回来说："前面有一条大蛇挡路，我们还是回去吧"。刘邦趁着酒劲说："大丈夫独步天下有什么害怕的！"于是走到前面拔剑将蛇斩断。蛇从正中间被分为两段。走了几里地，刘邦醉得倒下睡着了。刘邦队伍中走在后面的人来到斩蛇的地方。看见一个老太太在路边连夜放声啼哭。问她为什么这样伤心，说："我儿子被人杀了，所以痛哭。"问她儿子为什么被杀，说："我儿子是白帝子，变成蛇横在路上，现在被赤帝子杀了，所以我很伤心。"人们以为她胡说八道、散布谣言，想打她，这个老太太突然不见了。后面的人赶到前面，刘邦才醒过来，人们报告了他这一情况。只有刘邦心里觉得很高兴，心生自豪感，跟随他的人越来越敬畏他。秦始皇曾经说："东南方向有天子气。"于是亲自东游来验证，刘邦怀疑秦始皇说的就是自己，就躲了起来，藏到荒凉的芒砀山的深山老林中。吕雉和其他人都寻找他，每次都能在人迹罕至之处找到。刘邦觉得奇怪，就问是怎么回事。吕雉说："你在的地方头上总有云气凝结，所以我们根据这一现象总能找到你。”刘邦听了很高兴，沛县的人知道后，许多人都来归附刘邦。

故事中刘邦很好地利用了传说、威望等资源，没有费多大的力气，就取得了追随他的人的忠心。如果忽视对各种资源的合理使用，可能会事倍功半，甚至起到相反的作用。

千百年来，人们讲到商朝覆亡，往往归咎于古书上所载的纣王（帝辛）荒淫无道，如宠妖妃妲己、剜忠臣之心、设炮烙……历史学家郭沫若专门进行考证后做过翻案文章，认为“后人是深受了周人宣传的毒。”郭沫若说：“商纣王经营东南，把东夷和中原的统一巩固起来，在历史上是有功的。”1958年11月，毛泽东在阅读《苏联社会主义经济问题》后的谈话中表示同意郭沫若的考证，认为纣王是个很有本事、能文能武的人。帝辛继位后，大力开拓疆域，经营东南，把东夷和中原的统一巩固起来。在商朝开拓疆土达到高峰时，西周联合一些早怀二心的诸侯突然发起“武王伐纣”之战。帝辛因主力军在外未归，仓促组织充当奴隶的外族人俘虏保卫首都朝歌。两军在牧野遭遇，主要来自东夷的奴隶不愿为仇家卖命打仗，纣王又缺少嫡系骨干监管，结果出现战场倒戈。经过一番“血流漂杵”的厮杀，商军崩溃，周军乘势杀入朝歌，心高自傲的纣王自焚。殷商就此覆亡于突然事变。毛泽东认为，纣王伐徐州之夷，打了胜仗，但损失很大，俘虏太多，消化不了，周武王乘虚进攻，大批俘虏倒戈，结果商朝亡了国。①，②

① 毛泽东为商纣王平反：称其文武全才值得人学习.《解放军报》，2006年2月23日

② 毛泽东对历代帝王的评说：劝君少骂秦始皇.《北京日报》，2014年5月23日

故事中商纣王在人力资源分配方面出现了失误，忽视了对西周及其他诸侯的管理，加之俘虏政策做得不好，不愿意为商朝卖命，才导致了战争的失败和商朝的灭亡。

评估方案

决策方案形成后，要对方案进行客观评估，从大概率的角度去分析该方案实施后的可能结果。决策结果是一个决策实施后所取得的效果，这是决策活动的终点。因此，在做出最终决策前，要对决策实施过程和可能出现的结果进行客观预测及评估。决策方案的评估情况，是决策者对备选方案进行取舍的衡量标准。

对决策方案进行评估，不能只考虑某一个方面或只从目标的完成情况评估，更多的是要对决策方案的实施过程进行评估，考虑执行的总体成本、具体操作的可行性、方案中存在的风险性以及方案实施后是否会引发其他的问题、产生不良的影响或负面效应等等。

选择方案

根据对决策方案的评估，从几个备选方案中选择一个最适合的方案作为决策实施方案，即最终决定。

执行方案

决策执行是决策过程中至关重要的一步，可以说决策重在执行。再好的方案如果执行不到位，决策效果也会大打折扣。在机关工作中经常听到有人说，政策制定得很好，但在基层落实中走了样、变了味，就是因为在决策执行中出了偏差，使决策没有达到预期的效果。

评价反馈

决策的评价反馈是在决策方案已经实施了一段时间后，对决策的效果进行评价，并将评价结果反馈给决策者的过程，这是决策过程的最后阶段。由于决策方案已经产生了结果，许多人认为再进行决策评价反馈对于这次决策而言意义不大，经常在时间、精力不充裕的情况下忽略掉评价反馈环节，直接进入到对下一个问题的决策活动。

决策评价反馈对于决策者具有重要作用。评价反馈能够全方位检验决策的正确性，让决策者了解该决策具体成功在哪几个方面，各方面的具体成效有多大，是达到了 80 分还是 90 分。通过对成功原因的分析，积累好的经验，提高决策者的决策能力和水平。同时，评价反馈能够帮助决策者发现该决策中存在的问题和不足，找到在下次同类决策中需要进一步改进的地方，思考完善决策方案的方法和措施。失败是成功之母，通过查找问题和不足，在对决策过程的反思中，不断进步和提高。

第三节　主要决策类型

战略决策与战术决策。按照决策目标的层次高低，可以将决策分为战略决策和战术决策。战略决策一般涉及时间比较长、范围比较广和性质比较重大的全局性的发展问题，如某单位的五年发展规划、基础能力建设规划等。战术决策是指涉及时间较短、范围较小的技术性问题的决策，通常是在战略决策制定后，为了实现某个战略目标而提出的具体操作战术。

理性决策与非理性决策。按照决策者的思维模式，可以将决策分为理性决策和非理性决策。理性决策指在做出决策前，根据所拟定的决策目标，收集充分的信息，分析各种可能的选择，拟定多个决策方案，经过科学的论证，然后予以抉择的过程。非理性决策指遇到疑难的决策问题，在决策信息不多、决策经验不足、发展趋势不明显的情况下，无法对备选方案进行科学评估，决策者可以根据自己的直觉、思维习惯、本能反应等非理性因素进行选择判断，做出最后的决定。

在过去的决策历史中，非理性决策在机关工作决策中发挥了重要作用，然而随着信息技术的发展，为科学决策提供了客观依据和技术支持。机关工作决策逐渐由非理性决策向理性决策转变，当今的领导干部也越来越重视用科学数据说话，在工作报告中总能够看见大量的数据用以支撑论据。在大数据时代中，人们能够通过大量的数据分析出事物发展或运行的基本规律，能够预测大概数事件的发展趋势，能够即时洞察市场的变化，甚至能够通过一个人的消费记录了解这个人的性格特点，从而判断出这个人在特定情境中会做出什么样的反应。这些数据都能够有效帮助决策者进行决策，让决策过程更加科学和准确。

程序化决策与非程序化决策。根据决策问题出现的频率，可以将决策分为程序化决策和非程序化决策。程序化决策又称常规决策、例行决策或重复性决策，指在日常机关工作中经常出现的、重复出现的决策。这类决策往往是有法可依、有经可取、有章可循，做出科学决策相对容易。非程序化决策又称非常规决策、非例行决策或一次性决策，指针对特殊问题或新情况新问题进行的决策。解决这些问题没有成功案例和典型经验可循，不能照章办事，决策难度相对较大。通常来说，基层工作人员的决策大多是程序化决策，上级领导干部所做的决策多数是非程序化决策，中层干部的决策中程序化决策和非程序化决策两者兼有。

确定性决策与非确定性决策。根据决策者对决策结果的把握程度，可以将决策分为确定性决策与非确定性决策。确定性决策是指决策所需的各种信息相对全面，决策备选方案的可能结果相对确定，决策者只要将各备选方案的成本和收益相比较就能轻松地做出最终决定。非确定性决策是指决策者在决策过程中缺少有效的决策信息，预期决策结果出现的可能存在不确定性，对于最终决定是否是最佳选择没有把握。

非确定性决策的特点是不知道决策结果会向着哪个方向发展，决策的风险相对较大。通常情况下，最好选择确定性决策方案，避免做出非确定性决定，增加决策者对决策的把握性。有时，我们也必须冒一定的风险，做出非确定性决策。这时要采取一定的措施，尽量降低非确定性决策的风险性。比如，从统计学的角度看问题，尽量选择大概率事件，不去选择小概率事件；从局部试验的角度看问题，先进行小范围的试点，或拆分实施阶段，将风险控制在可接受的范围内；从最坏的角度看问题，准备好决策失败时的替代方案或应急方案，即使发生了最坏的情况，也能够有效应对，不至于出现手足无措的紧急状况。

集体决策与个人决策。按照决策主体的人数和决策权力分配的情况，可以把决策分为集体决策和个人决策。集体决策是指组织内享有决策权力的领导成员，通过会议和集体表决的方式通过决策方案。个体决策是指某个组织的领导单独掌握决策权力，决策方案的选择由领导者个人拍板决定。

完美决策与满意决策。我们期望，所做的决策都是最好的、最完美的。然而现实生活中，决策者受到知识、信息、经验和能力等方面的限制，很难想出完美的决策。即使我们能够找到完美的决策，往往留给我们的时间也不允许我们去进行无限地思考。比如，单位组织开展的某个活动结束了，领导要求 3 天后提交一份活动总结，在接下来的 3 天里，你对这份总结进行了多次的修改，每一次研读后都能够找到令你不满意的地方，都有需要完善的地方，有时是一个字词的使用，有时是描述的鲜活性生动性，直至交稿时还存在许多的遗憾和不满，如果再有3天时间，你相信能够交出一份更完美的总结报告。日常工作中，我们没有足够的时间去寻找完满的答案，只能在有限的时间里提交一份让大家都感到满意的答卷。

第二章　找准决策问题

第一节　决策什么问题

发现关键问题

爱因斯坦说过："提出一个问题往往比解决一个问题更重要。因为解决问题也许仅是一个数学上或实验上的技能而已，而提出新的问题，却需要有创造性的想象力，而且标志着科学的真正进步。"在某种程度上，提出问题，比解决这个问题更重要。

一个成功的决策往往从一个好的问题开始，这个好问题就是决策事件中的关键问题。不是所有人都能够准确发现决策事件中的关键问题，发现关键问题是一种能力。请仔细观察身边的人，在问题讨论会上，有的人总能迅速反应，一针见血地指出关键问题是什么；而有的人则啰啰唆唆说了一大堆，却总是说不到点子上，始终在关键问题的外围打转。关键问题就是主要问题和重点问题，在发现关键问题时要能够分清主要矛盾和次要矛盾，分清重点问题和次重点问题，集中精力处理关键问题。机关工作要紧紧围绕单位战略目标开展，牢牢抓住影响事业发展的主要矛盾和重点问题，把握好年度工作重点方向，在具体决策中不偏移、不动摇。

发现关键问题需要机关工作人员善于观察和思考，能够用战略的眼光看事情，透过错综复杂的表面现象发现事情的本质，并从中挑出最关键的问题，抓住牛鼻子。同事小王从事财务工作 3 年了，从未出现过差错，最近两个月她连续汇错了好几笔款项，财务部门就此现象进行了分析，找到了三个主要问题。一是小王近期的情感状况发生了变化，与男朋友大吵了一架，工作时情绪可能不稳定；二是近期的汇款量与之前相比增长幅度较大，每名财务人员的工作量都增加了，工作压力都很大；三是小王的电脑最近经常死机，找技术部门人员维修了几次，都没有彻底解决问题，只能凑合用。如果你是决策者，你认为在这三个问题中，哪一个是汇款出错事件中的关键问题？第二个问题是该事件的关键问题，解决方案应该围绕如何在工作量增加的情况下确保工作质量不降低来展开。

提高机关工作人员发现关键问题的能力，要坚持深入基层、深入实践。问题来源于基层，只有深入基层，才能够看到问题的具体表象，发现真实的情况；只有深入实践，才能够了解问题产生的根本原因，避免想当然地认为。任何重大问题都是从小问题发展起来的，都有一个发展壮大的过程，只有深入基层、深入实践，才能够及时发现工作中存在的潜在问题，将工作隐患消弭于无形中。

日常工作中，每个人都有自己的本职工作，不可能每天花大量时间深入基层了解情况。在这种情况下，要及时了解基层情况，就要通过与基层群众的交流。交流的对象最好是基层一线的普通群众，特别是一线业务骨干，他们最熟悉工作程序，最了解工作进展，发现潜在问题的眼光最敏锐。与一线群众多交流，既能帮助机关工作人员发现关键问题，又能增进机关人员与一线群众之间的感情。一线群众也有不足，就是看问题的角度相对具体，缺少长远眼光，这就要通过与基层管理人员交流来弥补。

需要注意的是，在与基层交流时，要努力营造轻松、开放的交流环境，让大家畅所欲言。比如，可以利用用餐时间与群众交流，可以利用午休遛弯时间进行交流，还可以利用外出办事的路上进行交流。要避免采用召开集体座谈会的形式，这样的氛围会压抑大家说话的欲望，即使点名发言也是好话一片，很难了解到实际的工作情况。还有的座谈会甚至安排了照相、录音，大家的发言都非常谨慎，能少说就少说。

明确问题要求

找到了关键问题只是决策过程的第一步，从决策问题转化为决策方案前，需要对决策问题进行进一步明确，说清楚问题的具体要求。比如，病人到医院对医生说“我头疼”，医生不能直接给病人开止疼药。他会详细询问病人到底是头部的哪个部位疼、疼到什么程度、最近有什么异常的行为举动，甚至通过一系列的检测结果，才能明确“头疼”的具体情况，从而对症下药。病人说“我头疼”是关键问题，医生询问“头疼”的具体情况是要明确问题的要求。如果不对问题的要求进行明确，即使发现了关键问题，也会由于问题要求过于模糊影响最终决策的科学性。

首先，要明确对问题的理解和认识，确定是否有隐藏在字面背后的潜台词。妈妈打电话给在外地上学的女儿，说“最近降温了，要注意保暖”。表面看是让女儿多穿衣服，潜在的意思可能是“我想你了，有空回家看看”。上级领导去外单位考察回来后跟办公室主任说，某单位的自动化办公系统挺好，有时间可以去调研学习一下。字面意思是自动化办公系统好，我们单位是不是考虑安装一套这样的系统；潜在意思可能是那个单位通过使用自动化办公系统提高了工作效率，我们要采取什么样的措施来提高本单位的办公效率。如果按照字面意思去理解决策问题，你的工作就是通过调研提出自动化办公系统的购置方案，包括产品型号、采购经费、技术支持、技术培训等；如果按照潜在意思去理解决策问题，你的工作就是通过调研找到当面办公效率低的主要现象及原因，提出要通过哪几种方法来有效提高当前的办公效率，像加强制度建设、优化办公流程、使用自动化办公系统、加强人员业务培训等等。可以看到，对于同一问题的不同理解，会导致出不同的决策方案的产生。提高决策的针对性和有效性，必须要明确决策问题要求。

其次，要区分这个问题是原因还是结果，对于上级领导给定的结果性问题，能够根据结果推出原因，并根据原因得出另一个目标相同的结果性问题。单位有一项重点工作，上级领导要求你尽快召集三个相关部门负责人开一次会，讨论重点工作推进计划，一周后提交报告。你认为"开会"这个决策问题是原因还是结果？如果"开会"是原因，你的工作就是尽快与相关部门负责人沟通，确定共同的时间，召开工作讨论会。如果"开会"是结果，则可以得出"开会"问题产生的原因是为了在一周后提交报告，你的工作不一定是要召集相关部门负责人开会，如果有人恰巧在外地出差，只需要加强相互之间的沟通，通过邮件、电话等形式将工作任务布置下去，按时提交报告即可。针对"开会"这一决策问题，尽管不采取开会的形式，也能够较好地达到"开会"的目的。需要注意的是，无论采取哪种方式，都要提前与布置任务的上级领导沟通好，避免造成上级领导的误会和不支持。

最后，当某一问题始终得不到满意的解决方案时，要重新审视决策问题，看看是不是对问题要求的定义过于狭窄，限制了解决方案的提出。小王是一家国企在某省公司的中层干部，某天公司领导找她谈话，想安排她到某市公司任市公司的班子成员。小王家住省城，离单位近，天天接送孩子上下幼儿园，家里有一位老人同住，但身体不好，丈夫经常出差，市里距省会有两三个小时车程，到市公司任职后只有周末才能回家。到基层任职的优点和不足都很明显，无论接受或不接受对于小王来说都不是一个理想的选择，对此小王犹豫不决、很难决策。重新分析决策问题会发现，领导安排小王到市公司任职是培养锻炼干部的一种形式，如果将决策问题定义为在市公司的岗位上进行锻炼，小王的选择就不仅是接受或不接受到某市公司任职一种解决方案，而是可以与领导沟通能否到一个距离省会近的市公司任职，或是过两年等到孩子上小学了再到该市公司任职等多种解决方案。

问题的价值

年终总结的时候，经常会出现一类现象，有的人忙忙碌碌的一年却不知道都干了什么，有的人看起来没干多少活却交出了一份漂亮的成绩单。为什么会这样？不是因为他们在工作中投入的时间和精力不同，而是因为这两类人解决的问题的价值不同。对于第一类人，整天跑上跑下，干了很多事，但这些事情的价值低，多是打电话、收发文、帮别人一点小忙、听会等等，工作总结只能写成流水账，很难总结出亮点。对于第二类人，把主要的精力和时间用于解决价值高的问题，干的事情数量不多但质量高，容易总结出特色。

什么样的问题是价值高的问题？前文提到的关键问题就是价值高的问题，领导关注的问题就是价值高的问题，对于工作的开展具有基础性或战略性意义的工作就是价值高的问题，只有你能做或是只有你能做好的工作也是价值高的问题。遇到价值高的问题，要优先做价值高的问题。如果同时遇到两个价值高的问题，则看哪个问题更容易解决，先做解决条件成熟、容易操作的，先做解决问题花费时间短的，能够在同样的时间内解决更多的问题，提高被解决问题的数量。如果先做比较难解决的问题，可能因难度过大而逐渐丧失自信心，导致解决问题的失败，即使成功解决了问题，也会因耗费时间和精力过多，从而影响后面问题的解决。

解决价值高的问题就意味着拒绝解决价值低的问题，虽然看起来很容易，但实际工作中很难做到。正在忙碌中，同事推门而进，说有一件小事情想请你帮个忙，帮不帮？工作空闲中，领导打电话，说下午有个活动他去不了让你替他参加一下，没有发言等任务要求，是否答应？办公室的打印机坏了，办公室年轻同事出差不在，你是现在给供货商打电话咨询维修事项，还是等同事回来让他打电话？现实工作中，我们总是认为自己有能力解决这些问题，每件事情也不会花费太多时间，于是很难拒绝上面这些价值不高的问题。然而，当时间和精力都被一件接一件价值不高的问题占据时，我们就没有时间和精力去解决价值高的问题了。

如何拒绝价值低的问题？一是不要马上答应别人的请求，要将这个问题的价值与你当下正在解决或即将要解决的问题的价值做一比较，如果别人的请求价值高，就先帮别人，如果自己的事情价值高，就先完成自己的工作后，再去帮助别人。总之要记住，先去做价值相对较高的问题。二是要学会对别人说“不”。有的人总是碍于面子，不好意思拒绝别人。久而久之，自己的时间总是被别人的低价值问题所占据，没有时间去做更高价值的事情。在拒绝别人的时候，不要害怕别人会因为你的拒绝而耽误工作，只要这件事情不是一定需要你来解决不可，你的同事肯定能够找到其他人帮助解决问题。三是遇到问题不要马上急着去解决，有的问题必须及时得到解决，有的问题可以放置一段时间再解决，还有的问题在放置一段时间后会自动消失，甚至不用我们刻意去解决它。彼得·德鲁克说过，将根本不需要做的事情高效地完成，是天底下最无用的事了。四是别人能够解决的问题就让别人去解决，如果做某件事情有人只需要 30 分钟，而你需要 2 个小时，在遇到请求时绝对不要答应，可以提出建议，让更擅长的人去做吧。

如果你处在机关部门的领导岗位，在给下级提出工作要求时，要注意先指出这项工作的价值大小，在当下的工作任务中应该排在什么样的位置。还要指出这项工作价值的核心要素是什么，挑战性的要求是什么，要求下级在完成核心要求的基础上，努力完成挑战性要求。如果忘了最基本的核心要求，决策问题的价值就会大打折扣。就像马克·吐温在短篇小说《我怎样编辑农业报》中描述了他当报纸编辑的经历一样，虽然马克·吐温解决了报纸发行量的问题，但他却忘记了农业报编辑最重要的要求——为农业生产服务。

马克·吐温把一个农业报的临时编辑工作担任了下来，正如一个惯居陆地的人驾驶一只船那样，并不是毫无顾虑的。“但是我当时处境很窘，使得薪金成了我追求的目标。这个报纸的常任编辑要出外休假，我就接受了他所提出的条件，代理了他的职务。”

马克·吐温是这样编辑农业报的，“萝卜不要用手摘，以免损害。最好是叫一个小孩子爬上去，把树摇一摇。”“天气已接近暖和了，公鹅已开始产卵——”这个报纸从来没有像这样受过欢迎，也从来没有卖过这么多份数，从来没有出过这么大的风头。

常任编辑却提前结束假期，让他赶快滚蛋。“你怎么居然会异想天开，认为自己可以编这种报纸呢？你似乎连农业上的一点最起码的常识都没有嘛……你说什么七叶果作为商品越来越受欢迎，这简直是有意要毁掉这份报纸。”

马克·吐温却说，“我已经完成我的任务了。在你所容许的范围之内，我已经履行了合同。我说过我能够使你的报纸投合各阶层的脾胃——这一点我做到了。我说过我能够使你的报纸销量增加到两万份；如果我能再编两个星期，那原是不成问题的。我本可以给你找到一个农业报纸所能得到的一批最好的读者——其中一个农民也没有，无论哪一个，要了他的命也弄不清楚西瓜树和桃子藤的区别。”

第二节　提好决策目标

在决策过程中，目标就像照明灯，指引着我们的决策方向，如果没有目标，就不知道该往哪里走，任何决策就都失去了意义。目标就像驱动力，当我们向着目标的方向一步步前进，小小的成就感和喜悦感会鼓励我们继续前行。当我们遇到困难感到困惑，既定的目标就像前方的梅树，激励着我们不要放弃。目标还像是黏合剂，共同的目标能够将一盘散沙凝聚起来，形成一体，发挥合力，共同去完成单个个体难以完成的任务，形成一加一大于二的战斗力。

目标要合理

决策目标要紧紧围绕决策问题来设定，要结合个人情况和工作实际来确定，有完成的可行性和执行的可行性。决策目标不能定得太高，太难完成的目标容易降低执行人自信心和坚持力。比如，要求一个平时考 50 分的学生，通过一个月的补习，在下次考试中考到 90 分，无论是学生自己还是补习老师都会觉得这目标定得太高了，从而丧失努力的动力，学生还会产生反正无论怎样努力也考不到 90 分的想法，连学也不想学了。相反，目标也不能定得太低，没有难度的目标也会失去目标的意义。最好的目标要像摘桃子，伸伸手、蹦一蹦就能够到，给考 50 分的学生设定 65 分的目标，就是他通过努力能够实现的合理目标。

当决策目标看起来有点太高时，容易让人感到压力，不知道自己能不能实现这个目标。这时可以对决策总目标进行分解，将总目标分解成为一个个阶段性的小目标，既降低了决策目标的实现难度，增强完成目标的可能性；又能通过阶段性小目标和总目标的比较，让执行者了解当前的执行进度，与总目标之间的差距还有多大，更好地掌握执行过程。

有一个实验：让 3 组人分别向着 10 千米以外的 3 个村子进发。

第一组既不知道村庄的名字，也不知道路程有多远，只告诉他们跟着向导走就行了。刚走出两三千米，就开始有人叫苦；走到一半的时候，有人几乎愤怒了，他们抱怨为什么要走这么远，何时才能走到头，有人甚至坐在路边不愿走了；越往后走，他们的情绪也就越低落。

第二组知道村庄的名字和路程的远近，但路边没有里程碑，只能凭经验来估计行程的时间和距离。走到一半的时候，大多数人想知道已经走了多远，比较有经验的人说："大概走了一半的路程。"于是，大家又簇拥着继续向前走。当走到全程四分之三的时候，大家情绪开始低落，觉得疲惫不堪，而路程似乎还有很长。当有人说："快到了！"大家又振作起来，加快了行进的步伐。

第三组不仅知道村子的名字、路程，而且公路旁每千米就有一块里程碑，人们边走边看里程碑，每缩短 1 千米大家便有一小阵的快乐。行进中他们用歌声和笑声来消除疲劳，情绪一直很高涨，所以很快就到达了目的地。

阶段性小目标方便决策者在决策过程中进行目标调整和完善。当每一个阶段性小目标完成后，决策者都能够获得对上一阶段决策执行过程的评价反馈，通过反馈情况发现既定目标与实际情况之间的差距，进而在有需要的情况下，对下一阶段的小目标进行适当调整，确保总目标的正确方向。需要注意的是，调整目标仅指对阶段性小目标的调整，而不是对决策总目标的调整，绝大多数情况下，决策总目标应该保持不变；调整目标仅发生在实际情况与预期条件出现较大差异的情况下，正常情况下，即使是阶段性小目标也不要做出调整；调整的目标数量不能多，调整的程度要有所控制，不能另起炉灶，要保持与总目标的一致性。

目标要清晰

第一，目标的含义要清晰。通常来说，目标的含义越清晰，这个目标越容易被人们理解，就能够有针对性地提出解决问题的方案，决策执行的效果也越好。而含义比较模糊的目标，往往让人难以理解决策者的意图。比如，某单位提出要进一步提高服务干部职工的水平的决策目标。这个目标的含义是什么？到底要干什么？大家弄不清楚。有人认为是要提高单位干部、职工的福利待遇，有人认为是要多组织一些职工喜闻乐见的文化体育活动，也有人认为是要提高行政部门的办事效率，进一步改进工作作风。

目标的含义不清晰，容易让人摸不着头脑，在决策执行时就会出现不同的解读和行动，决策效果得不到保障。比如，同事小王搬到了你所在的城区居住，她读小学的儿子要在新的城区择校插班，想请你帮忙推荐一所好学校。你会发现，即使你对于该城区的学校都有十分熟悉，也很难给出令她满意的建议。因为，对于这个决策目标而言，“好”是一个模糊的概念，既可以是学校在该区的排名、师资力量、社团活动情况，也可以是学校的地理位置、学校风气、食堂口味等等，小王没有清晰地指出她对于“好”的定义，这种情况下你只能按照自己的理解提出个人建议，而你的理解和小王的理解之间肯定存在一定程度的差异。

第二，衡量指标要清晰。也就是说每个决策目标都要可以衡量，且目标的完成程度、完成范围以及完成时间都要尽可能清晰，最好实现衡量指标的量化管理。比如，某单位领导提出今年要继续提高干部、职工的满意度的决策目标，该决策目标的衡量指标就是干部、职工的满意度。在设定决策目标时，还要清晰地指出这个满意度测评是在多大范围内开展，是全体干部、职工，还是干部、职工代表，是否包括聘用职工和离退休职工；指标提高的幅度是多高，是同比还是环比，是提高10%还是20%；还要指出这个任务需要用多长时间完成，是半年就要完成，还是一年完成，是11月开展满意度测评，还是12月开展。

有了可衡量的指标，各种考核与测评就有了客观标准与理性依据，由此得出的考核或测评结果更公平公正，更容易被广大干部、职工所接受。清晰的衡量指标有助于决策者更好地对决策方案进行评估和选择，有助于决策执行者更好地把握目标要求，也有助于组织人事部门更好地通过决策结果对机关工作人员的素质能力进行科学的考核和评价。如果没有可衡量的指标，只能凭借考核或测评人的感性认识去判断，无法做到客观公正，考核或测评结果也容易遭到质疑。

第三，清晰的目标容易获得决策参与者的认同，得到他们的支持。很多时候，我们的决策得不到相关参与者的认同与支持，在很大程度上是因为决策目标不够清晰，参与者对决策选择还存在误解和疑惑，在思想和行动上不积极、不主动。清晰的目标能够让相关参与者了解决策制定的原因和考虑，澄清存在的误解和疑惑，进而认同并支持这个决定。

黄克功，江西南康人，1927年参加革命，1930年加入红军，不久加入中国共产党。经历过井冈山斗争和二万五千里长征且在长征中立过大功，年仅26岁就已是身经百战的红军团级干部。红军到达陕北后，进入延安抗日军政大学学习，随后留校任职，先后任军政大学第十五队、第六队队长。但“自恃年轻有为，立过战功，比较骄横”。

1937年10月5日，黄克功，因逼婚不成一怒之下枪杀了其恋爱对象陕北公学学生刘茜。案件很快得到侦破，10月6日，黄克功如实交代了自己的杀人经过。

此案发生在国共合作抗日、共产党局部执政的特殊形势下，大受各界关注，对于这样一个曾经的功臣，究竟该让他以命抵命就地正法？还是让其戴罪立功战死沙场？以什么法律来审理此案，在刚刚建立起边区政府法律条文尚不完备的情况下，此案处理是否得当，在国内外都将有深远的影响。巧合的是，该案发生前不久，国民党内“桃色事件”骤起：蒋介石的黄埔爱将张钟麟因情感纠葛枪杀妻子而受审，蒋以“爱才”之名特赦之。而后张钟麟改名张灵甫再度奔赴前线。

黄克功被捕认罪后，也曾幻想党和边区政府会因为他资格老、功劳大，对他从轻处罚。毛泽东认为：黄克功是一个能征善战的勇将，但若因其曾立大功而赦免，那天下人将会怎样看共产党？他要求：不能依据重庆的国民政府法律来审理，延安要司法独立，而且要公开审判、阳光审判。

公审当天，来自各学校、部队和机关的数千人前来参会，并当场宣读了毛泽东的一封信。信件内容如下：

雷经天同志：

你的及黄克功的信均收到。黄克功过去斗争历史是光荣的，今天处以极刑，我及党中央的同志都是为之惋惜的。但他犯了不容赦免的大罪，以一个共产党员、红军干部而有如此卑鄙的、残忍的、失掉党的立场的、失掉革命立场的、失掉人的立场的行为，如为赦免，便无以教育党，无以教育红军，无以教育革命者，并无以教育做一个普通的人。因此中央与军委便不得不根据他的罪恶行为，根据党与红军的纪律，处他以极刑。正因为黄克功不同于一个普通人，正因为他是一个多年的共产党员，是一个多年的红军，所以不能不这样办。共产党与红军，对于自己的党员与红军成员不能不执行比一般平民更加严格的纪律。当此国家危急革命紧张之时，黄克功卑鄙无耻残忍自私至如此程度，他之处死，是他自己行为决定的。一切共产党员，一切红军指战员，一切革命分子，都要以黄克功为前车之鉴。请你在公审会上，当着黄克功及到会群众，除宣布法庭判决外，并宣布我这封信。对刘茜同志之家属，应给以安慰与抚恤。

毛泽东

一九三七年十月十日

听完毛泽东的信，黄克功悔恨地低下了头。随即被枪决。①

黄克功案件向陕北、全中国乃至全世界显示了陕甘宁边区革命根据地法制的公正性，有力地粉碎了国民党借机造谣中伤共产党的企图，极大地提高了边区司法工作在全国人民心中的威信。由于案件处理目标明确，解释清晰，得到了人民群众的理解和认同，不仅在革命根据地增强了共产党的声望，在国民党统治区和沦陷区也引发了强烈反响。

第四，清晰的目标有助于决策者的自我评价和自我成长。对于成人而言，对自己的能力进行客观评价，从主观上认识到自身还存在不足，是一件困难的事情，而目标清晰的决策过程则为我们提供了一次发现不足、不断改进的机会。由于决策目标明确且好衡量，决策者容易发现决策效果与预期目标之间的差距，有方向性地分析差距出现的原因，并有针对性地去学习相关知识和技能，弥补自身的不足。如果缺少清晰的目标，容易使人迷失在成长的道路上。请仔细观察你所知道的人，那些成功人士，都

① http://dangshi.people.com.cn/n/2015/0310/c85037-26667348.html

具有清晰且长远目标，而且一直在朝着同一个方向不懈努力；那些在工作上做出成绩的人，都具有清晰但比较短期的工作目标，随着一个个目标的实现，他们也逐渐走上更重要的岗位；而那些生活中的普通人，多数对生活和工作的目标比较模糊，甚至缺少目标，他们总是按照别人的要求去生活或工作，成绩平平，很难取得突出的成绩。

目标要排序

通常情况下，一个决策问题不会只有一个决策目标，单目标的决策非常少见，常见的是包含多个目标的决策。比如，小王某天晚上突然牙疼得厉害，一宿睡不着觉，第二天早上她准备去看医生，可想到当天有一个重要会议要参加，不确定这个会议会开多长时间。如果你是小王，会如何安排第二天的日程？这个决策就是多目标决策，其中包括两个决策目标，看医生和开会。如果第二天的会议半天就能结束，小王就可以上午开会，下午去看医生，同时实现两个决策目标；如果第二天的会议需要一天时间，小王需要先对两个决策目标进行比较和排序，再确定决策方案。

对决策目标排序，就是根据各个目标的重要性，排出实现的先后次序。假设某决策问题有三个决策目标，第一决策目标，是必须要实现的，最基础的决策目标；第二决策目标，是最好能够实现的，当与第一决策目标发生冲突时，要被放弃的决策目标；第三决策目标，是能够实现更好，实现不了也不会影响决策总目标的决策目标，当与前两个决策目标发生冲突时，最先要被放弃。在上面小王的例子中，如果小王认为开会比看医生重要，则先保证开会，第三天再去看医生；如果小王认为看医生比开会重要，则请假去看医生，放弃开会。

决策目标有了排序，就可以根据排位顺序确定各类资源的投入程度，一方面确保重要的目标最先被实现；另一方面，避免资源投入过于平衡，出现胡子眉毛一把抓的现象，最终哪个目标也没有实现好。比如，周一领导安排让写一个材料周五交，感觉时间很充裕，周二、周三两天写材料，周四一天修改完善，周五交出，就先去忙别的事情。周二感觉时间不紧张，写材料的时候认真一些，不用再多一天修改完善了，就又去忙别的事情。周三准备开始写材料，不料刚起了个头，就被领导安排了一件临时性工作，要出去跑一天。周四真正感到时间的紧张，一天都忙着查阅材料、梳理思路，中间还被无数日常性工作打断过，直到下班才发现只写完了一半，于是晚上熬夜赶材料，没写完。周五一上班就继续埋头写材料，直到下班前才匆忙将材料交出，根本没有检查修改的时间。出现上述情况，就是由于目标排序没有做好，必须完成的目标（交材料）没有被放在最重要的位置，才会出现后面匆匆忙忙的情况。如果在周一工作不忙时就动笔开始写，周五一定能够交出一份高质量的材料。

决策目标有了排序，能够让我们明确自己最想要的是什么，避免陷入机会陷阱。机会陷阱就是当一个机会出现的时候，我们很容易被机会所吸引，自发地想要去抓住机会，而没有去思考这个机会是不是自己所需要的。比如，女同志去逛商场时，往往没有采购清单，即使有购物目标也是个模糊的大概，本来是打算去买化妆品，到了商场发现服装类在打折促销，许多品牌都在大减价，折扣很低，于是想这是个机会，东西都很便宜，一定要看看有没有可买的，结果化妆品没有买，买了许多衣服回家，一年后发现这些打折购买的衣服一直堆放在衣柜的角落里，根本没有穿过，有的甚至连标签还都没有摘掉。在这个例子中，逛街的女同志认为她抓住了打折的机会，买了便宜的衣服，实际上她浪费了自己的资源，把有限的资金用在了根本不用穿的衣服上面，最需要购买的化妆品也就没钱购买了。

面对机会陷阱时，你需要做的是花一点时间进行思考，这个机会带来的结果是不是你需要的，它的目标排序处于什么位置，如果这个结果不是你的主要目标，放弃它吧，把有限的资源用在最需要的地方。机关工作中最常见的机会陷阱是，某天单位领导对你说，有一个内部轮岗的机会，要不要接受？这时，多数人都会选择抓住机会，表示接受轮岗。一年后发现，有的人轮换到了新岗位，表现更加突出，更好地发挥了自己的才华；有的人轮换到了新岗位，刚开始热情高涨，后来逐渐发现自己不适合这个岗位，工作表现还不如原来的岗位好，轮岗失败。面对轮岗这一机会，不要匆忙做决定，要先考虑目标的排序，既新的工作岗位（岗位目标）与个人发展方向（个人目标）是否一致，排序相近，如果是这样则接受这个机会；如果方向不一致或是排序位次相差较大，放弃这个机会，不要陷入机会陷阱。

目标要坚持

坚持目标说起来容易，但做起来很难。人们在决策目标的实现过程中，经常会出现目标偏移的现象。

有时，正在做的工作突然被其他的事情所打扰，导致目标偏移。比如，准备到行政部门去签字，路上接到电话让你去大门口取快递，你取过快递后就直接回了自己的办公室，忘了要签字的事情。

一位秀才家里要来客人，发现杯子不够，还差 6 个，于是上街买茶杯。到了茶杯店，问多少钱一个，卖茶杯的伙计说 6 文钱一个。秀才说买 6 个，吩咐伙计包装好。结账时，伙计要 37 文，秀才问是否包装要钱，伙计答不要。于是出现争执，秀才坚持付 36 文.伙计没文化，算数不好非坚持六六 37 文，争吵导致众人围观、街道堵塞。县官闻之，将二人带回庭审。问明原因后，县官令先打秀才十大板，秀才不服，认为自己没错。打完后，县官问秀才服不服？秀才不服，县官令再打十大板。刑毕，县官问秀才：你去那店里目的何在？秀才答：

买茶杯。县官续问:买到了吗?秀才答:买是买到了,因店伙计算账不对发生争执。县官问:你欲以36文买6个茶杯,除与伙计争辩外,别无他法吗?秀才答:他是混人,连账也算不清。县官说:6文一个茶杯,包装不要钱,这是秀才与伙计的共识。若秀才一个茶杯6文,连续买6个,然后让伙计包起来,必无异议。

秀才的目标是买茶杯,遇到没文化的伙计,将主要目标由买茶杯变成了教伙计算术和打官司,既浪费了时间,又增加了成本,得不偿失。

有时,在实施决策的过程中会忘了做这件事情的最初目的,导致目标偏移。比如,某单位要组织一场演讲比赛,最初的目标是给广大职工提供一个展示自我、抒发情感、交流思想的平台,但往往在执行过程中的某些做法悄悄地改变了决策目标。像是在报名不踊跃的情况下,为了凑足参赛人员,要求每个部门必须派出几人参加,对于人数少、年轻人少的部门来说,会让参与人员感到参与这个活动是一种负担。

正如习近平总书记指出的,走得再远、走到再光辉的未来,不能忘记为什么出发;面向未来,面对挑战,要不忘初心、持续前进。

第三节　做好决策调研

科学的决策基于对问题的深入调查研究,毛泽东说过,没有调查就没有发言权。了解实际情况是做出任何决策的前提和基础。

方案的设计

对决策问题开展调查研究之前,要对调研活动的程序、调研实施过程中的各种问题,进行详细的、全面的考虑。制定出切实可行的调研纲目和实施方案，保证调研工作有计划、有步骤地进行，为决策提供有效的客观依据和理论支撑。

调研方案一般包括以下内容：

调研的目的。调研的目的直接决定调研方案的内容。如果调研目的不明确、不具体，就没法对调研方案进行具体地设计。调研的目的包括针对什么问题进行这次调研？通过这次调研有哪些具体目标？调研中要取得什么样的信息？

调研的内容。设计调研方案时，一定要把调研的内容作为重要环节来体现。调研内容就是围绕着调研的主题，设计出调研提纲，写出细目。要有一级标题、二级标题、三级标题，做到主题明确，层次清楚。

调研的对象。调研的对象是调研主题明确后，要实施这样一个调研主题，需要面对的调研的单位和数量。它可以是一个部门，也可以是一个工作单位，也可以是一个群体，也可以是一个个人。调研对象的选择，要有利于调研目的的实现，有利于调研工作的顺利展开，有利于节约人力、物力和财力。比如，毛泽东同志在寻乌调查的时候，他选择的调查对象主要是苏维埃干部、贫农、穷秀才、破产的商会会长，还有一些曾在知县衙门管钱、管粮，或已经失业的小官吏。这次调研，涉及一二十个行业，一百多家大小商店，二十多个大地主，一百多个中小地主，从而对寻乌的社会状况有了一个比较全面的了解。

调研的方法。调研方法是调研目的得以实现的途径和手段。调研方法的确定主要是根据调查的内容、目的和调研方法技术掌握的熟练程度而定。调研方法可以是直接调研，获得第一手资料；也可以是进行间接调研，获得第二手资料。采取哪种调研方法，要根据需要进行选择。同一个课题，可以采取不同的办法、不同的方法，同一个方法也可以应用于不同的课题。一个课题也可以综合使用多种方法。

方法的选择

调研的方法没有统一要求，要根据每次调研的主题、调研的内容、调研经费情况等进行确定，灵活选择调研方法。当前常见的调研方法主要有以下几种：

第一，问卷调查法。问卷调查是调查研究中用得最多、最为广泛的一种办法。问卷调查的优点是有统一格式的问卷，对被调查对象进行调查，又是用统一的方式发放填写，可以用计算机进行数据的处理。在此基础上，对社会现象可以进行客观分析和比较研究。从而既可以了解到同一地区、同一单位等，具有某种相同点的被调查对象、平均趋势与一般情况；又可以了解到不同地区、不同单位等，具有不同点的被调查对象的对比及其差距。

问卷调查的范围比较广，而且省时省力。往往通过一个问卷在很大范围内，对众多的调查对象同时进行调查。用较少的投入获取大量的调查资料，节约调查成本。问卷调查方式除了进行书面的问卷发放、回收之外。网上调查用得比较多，在一些网站上有意识设计一些问卷、一些问题，参与者进行点击选择，这种方式越来越受到欢迎。

问卷调查可以采取匿名方式进行，被调查对象不必担心自己的意见、特别是一些激烈的、尖锐的意见被人发现。所以被调查者自己填写问卷可以避免调查者与被调查者问答时，可能带来的主观偏见的干扰，避免人为因素造成的偏差。

问卷调查也有一定的局限性。这种方法缺乏灵活性，不适于作深度的调查。由于问卷调查所问的问题和封闭式的问答方式，都是预先设计好的，不是开放性的，答案都是现成的，只是让被调查者做出一个选择。所以被调查者不能充分地表达自己的想法。因此，问卷调查办法只适于一些简单的问题，不适于对复杂问题进行调查。

第二，现场观察法。现场观察就是调研人员根据调研目的和调研提纲，用自己的感官去直接观察被研究对象，从而获得资料的一种调研方法。毫无疑问，这种观察方法能够获得直接的材料，而不需要其他中间环节，它是第一手的资料。这种观察，具有及时性的特点，它能够捕捉到正在发生的现象。另外也能观察到一些无法言表的材料，比如被调查者的表情、心理状况等。

现场观察也是有一定的局限性的。它容易受到时间的限制，有时过了这个时间，事件就不会再发生了。而且调研人员本身也会成为一个限制，观察要用眼睛去看、用耳朵去听，如果调研人员不具备敏锐的观察力和听力，就不能做到全面详细的观察。

第三，访谈法。在访谈过程中，调查者与被调查者直接对话，能够直接听到被访谈人员的真实的意见和建议。

访谈法有两种方式，一是小组焦点访谈，二是个别深度访谈。小组焦点访谈是指有关方面的人员组成一个调研小组，在一名核心人员的引导下，针对某一个主题或观念，以一种无预定程序的自然的形式，与被调查者组成一个小组进行深入讨论，交流有关信息，从而获取有关资料的方法。个别深度访谈，是指调查人员与调查对象进行的无预定程序的、直接的、面对面的深入的交谈，以揭示对某一个问题潜在动机的信息、态度和情感的办法。个别深度访谈主要适用于对复杂情况的了解，解决抽象问题。这些往往需要一些深度的交流，自由的交换意见才能谈得明白。

第四，试验法。试验法是选择一个或者几个因素，使之置于可验的条件下，进行小范围的试验。对试验的结果进行分析，了解试验因素的变化对调研问题的影响程度，从而确定会不会产生预期的结果。比如，农村税费改革先选择了在安徽等几个省份进行试点，经过比较分析，认为在农村推广税费改革，是减轻农业负担，加快农业结构调整的一个重要举措。从2001年开始，全国农村扩大农村税费改革的试点。后来逐渐认识到减轻农民的税费负担是一个重要的趋势，特别是建设社会主义新农村，“三农”问题至关重要，国家决定从2006年开始取消农业税及其他一些税种，减轻了农民的负担。

第五，文献调研法。文献调研是根据特定的需要，有目的地收集和积累有关的文献资料。通过对文献资料内容的识别、整理、分析、综合选择、加工，弄清事物的历史现状和未来的趋势，进而找出事物内在变化规律的调查研究活动。一般来说，文献调研方法查阅的资料比较广泛，是一个间接的调研活动。文献研究的缺点是很难了解到最新动态的资料。

调研的技巧

第一，开座谈会的技巧。开好座谈会要注意以下几点：要选择好座谈的部门和人员。座谈会不仅包括本部门的人员，也要有涉及这方面工作的其他部门。不同部门看问题的角度不同，就会展开讨论和争论，问题会比较清楚和全面。参会人员要准备书面材料。书面材料可以让调研者掌握基础情况，防止老生常谈。要讲清会议的任务和要求。要掌握会议的进程。讲得好的要鼓励，讲得不好的，也要表态，充分利用好时间。开会时要组织讨论，要善于提出问题，激发讨论，在讨论中深化认识。会议结束要做提炼和总结。要系统地把会议讨论的观点迅速进行整理。

第二，走访调研的技巧。调研过程中，走访是必不可少的一项工作。以农业农村政策调研为例，走访的范围不只是农户，还要包括当地干部、专家、企业家等。走访农户时，好、中、差不同类型的农户都要看；要和农民交朋友，跟农民迅速地沟通；要学会提问的技巧，问题要问得简洁，说话要自然，要用老百姓自己的语言；到农民家要全方位地了解他们的生产生活，衣食住行，对当地农民生活有一个总体判断。走访干部时，主要是了解面上的情况，掌握总体状况；了解还存在什么问题，有什么建议，希望上级采取什么措施等。走访专家时，要重点了解某个点，就是专家熟悉的业务。比如水稻的标准化、产业化经营等方面，专家要既懂理论又懂实践，能准确了解技术上的问题。要虚心听取专家从专业上提出来的建议。走访企业家时，主要是了解线的情况。当地企业家一般对生产、加工、销售、市场消费等各个环节比较清楚，对农民状况、政府管理、政策效果也有切身感受，从企业家那里可以得到这方面的信息。

第三，实地考察的技巧。到农村、基层进行调研，要注重实地考察，到农户家、到田间地头、工厂车间多看。在实地考察时，要有目的地看，需要了解哪几件事，心里得非常清楚；要学会看，懂得有关的知识；要看重点，找到关键性的环节，注意关键点，关键点没看到，等于什么也没看到；要记得住，特别是把一些细节记住，用笔记本抄录或者用照相机、手机记录下来。

第四，收集材料的技巧。调查研究的最基本要求是收集材料，在调研过程中应运用各种时机和方法，收集有关信息和资料。比如与随行人员交谈，在饭桌上了解情况，注意利用各种有限的时间和看到的各种现象，都是调研的良好素材。

第三章　制定决策方案

好的决策方案是科学决策的基础。如果决策方案做得好，后期实施方案时会事半功倍；如果决策方案考虑不周，后期实施方案时会问题频出、事倍功半。方案制定就好比家庭装修中的施工设计图，虽然前期设计阶段投入的人力、资金较少，但却决定了后期施工阶段的所有投入，前期设计中的一个没想到，想要在后期执行阶段进行弥补，所需要花费的资金会是前期预算的几倍甚至十几倍。比如，许多人在装修前都没有想到要在床头的位置安装卧室灯的开关，等到装修好入住后，发现晚上还要起来关灯比较麻烦，想要在床头加装一个控制开关，但咨询装修公司后多数人都决定放弃，原因就是加装一个控制开关的花费实在太大了。

第一节　方案制定的原则

针对性原则

在制定决策方案时，必须紧紧围绕决策问题来思考，针对决策目标中提出的所要解决的问题制定决策方案，不能脱离决策目标去制定决策方案，或是在决策目标中擅自增加其他的内容。

每个人都有其自身的独特利益，容易自觉不自觉地在制定相关决策方案中，添加自己的利益需求或情感需求。如果这些新加入的内容与原有决策目标的利益相一致，不会影响决策方案的效果。比如，单位组织聚餐，领导让小王负责选择餐厅，在综合考虑预算、时间、口味、环境等多方因素的情况下，小王推荐了距离自家最近的一家餐厅，不仅满足了组织聚餐的目标要求，也满足了小王在聚餐结束后能够快速回家的个人需求。如果新加入的内容与原有决策目标的利益不一致，就会导致决策方案的失败。比如，韩国三星集团掌门人李健熙从小喜欢汽车，一直梦想能够建造自己的汽车，在20世纪90年代韩国汽车行业不景气的情况下，仍然坚持要成立三星汽车公司，几年后三星汽车因发展不利成为三星集团的不良资产被出售，李健熙个人则拿出约20亿韩元用于弥补因三星汽车投资策略失误给三星集团带来的损失。

可操作性原则

在制定决策方案时，必须从实际出发，根据现有的人力、物力、财力、时间等主观条件和客观环境提出应对方案。只有这样，决策方案才具有现实可操作性和有效解决问题的可能。实际工作中，可操作性差的方案难以被执行，没有任何意义。

差异性原则

差异性是指决策备选方案在数量上需要有两个或两个以上，在内容上相互间要有本质上的差异。有的时候，看起来提交了多份决策备选方案，但仔细分析发现，这些备选方案之间没有本质上的差别，只是在组织形式上、规模数量上或是人员等资源安排上有所不同。比如，备选方案一计划到河北开展活动，备选方案二计划到湖南开展活动，备选方案三计划到广西开展活动，虽然在数量上是三个方案，但在本质上是一个方案，根本没有选择的余地，是一个霍布森选择。

霍布森选择是一种选择陷阱。17 世纪 30 年代，英国剑桥商人霍布森贩马时做出承诺，无论是购买或是租用我的马，只要给一个相同的低价格，就可以在我的马圈中随意挑选。其实这是一个圈套。商人把马圈的大门修得很小，大马、肥马、好马根本就出不去，出去的都是些小马、瘦马、赖马。虽然霍布森允许人们在马圈里自由选择，可是大家挑来选去，自以为选到了满意的马，实际上牵走的都是最差的马。

只有从多个备选方案中择优选择才是科学的决策，如果某个决策只有一个备选方案，只能选择是或否，就失去了解决问题时的无限可能性和创造性。因此在制定备选方案时，首先要想一想这个备选方案与之前的备选方案有没有本质的差别，它们是不是霍布森选择。如果两个方案很相似，请放弃你现在的思路，换一种思维，重新思考解决问题的备选方案。

预判性原则

任何决策方案都要有预判性，只有预先判断决策方案在执行过程中可能出现的情况，才能在方案制定时做出相应的应对措施，避免突发事件的出现。对于决策备选方案的预判，还要包括对方案执行过程中以及执行结束后，可能引发的其他问题，会不会面临来自其他方面的压力，会不会造成不良的社会影响等。比如埃及的阿斯旺大坝，由于在建设方案制定时对文物保护及生态环境的考虑不周，导致大坝建成后产生了难以挽回的损失。

为了一劳永逸地解决尼罗河年年发洪水的困扰，埃及政府在苏联的帮助下，于 1960 年在距开罗以南 600 英里处的阿斯旺兴建大坝，尼罗河被拦腰截断。历经 10 年，大坝最终建成。阿斯旺大坝一改尼罗河泛滥性灌溉为可调节的人工灌溉，从此埃及结束了依赖尼罗河自然泛滥进行耕种的历史，同时，水位落差产生的巨大电力也成为埃及迈向现代工业文明的重要动力。

但事物总是有利有弊，阿斯旺大坝严重影响生态环境。从建设之初至今，埃及国内对阿斯旺大坝的争论从没停止过，最大的争论点就是阿斯旺大坝对生态环境的影响。

历史上，尼罗河水每年泛滥携带而下的泥沙无形中为沿岸土地提供了丰富的天然肥料，而阿斯旺大坝在拦截河水的同时，也截住了河水携带而来的淤泥，下游的耕地失去了这些天然肥料而变得贫瘠，加之沿尼罗河两岸的土壤因缺少河水的冲刷，盐碱化日益严重，可耕地面积逐年减少，因而抵消了因修建大坝而增加的农田。

与此同时，由于没有了淤泥的堆积，自大坝建成后，尼罗河三角洲正在以每年约 5 毫米的速度下沉。专家估计，如果以这个速度下沉，再过几十年，埃及将损失 15%的耕地，1 000 万人口将不得不背井离乡。

此外，由于纳赛尔湖库区沉淀了大量富含微生物的淤泥，浮游生物大量繁殖，水库及水库下游的尼罗河水水质恶化，以河水为生活用水的居民的健康受到危害。修建阿斯旺大坝的初衷，是基于传统的防洪促农的水利理念，这是农业社会的主流思想。但当初决策者们也许并没有想到大坝在带给埃及人民福祉的同时，还存在令后人不得不正视的弊端。以历史和辩证的眼光来看，阿斯旺大坝的建立为埃及的经济发展奠定了良好的基础。但随着时代的前进，在农业社会显得极为重要的灌溉工程，到了工业和服务业产值比重大大增加的时代，它的负面作用也日益彰显。

为了减轻大坝的压力，埃及政府正在积极采取措施，尽可能地把阿斯旺大坝的负面影响减小到最低。为此，埃及专门设立了“阿斯旺大坝副作用研究所”。此外，埃及还成立了一个由水资源部、环境事务部以及内政部组成的部长委员会。委员会计划在今后5年内投入22亿美元，对尼罗河的水质监管系统进行升级改造，保护尼罗河的主河道环境。

埃及有位学者曾说过：“建造阿斯旺大坝的埃及总统纳赛尔是位伟人，但是拆除阿斯旺大坝的人，要比纳赛尔更伟大。”在今天的埃及，我们可以这样说——“因势利导阿斯旺大坝、修建更美好的家园的埃及人民，与修建阿斯旺大坝的人一样伟大。”①

第二节　方案制定的过程

摸清家底

任何一个决策方案都不是独立存在的，都要受到之前相关决策的影响，在已经实施决策结果的基础上制定的。比如，单位要加强制度管理，首先要摸清楚现在共有多少项规章制度，对已有制度进行全面梳理，确定哪些是需要废止的、哪些是需要完善的、哪些是不需要调整的，确定优化整合范围，使决策目标更聚焦，才能集中力量办大事。对于当前存在的问题进行深入分析，找到问题的突出表现形式，产生问题的主要原因，找准产生问题的关键所在。

① http://www.people.com.cn/GB/paper68/10097/925396.html

总结经验

方案制定时不能闭门造车、凭空想象，要认真总结本单位以前的经验和教训，多走出去看看其他单位、其他地区的成功做法，甚至是国际上的有益做法，综合国内国际行之有效的做法，结合本单位工作实际，研究提出解决问题的思路和举措，形成初步方案。

借鉴他人的做法，并不意味着要打破本单位的传统，进行强硬创新。本单位的传统做法就是在以往经验的基础上形成的，是在前人无数血的教训基础上总结提炼而成的，是适应本单位环境条件的。在面对常规问题时，要认真想一想以前遇到类似的情况是如何处理的，结合当时的环境条件，仔细分析一下为什么要这样处理，吸收一切好的经验为己用。

借鉴他人的做法也不是让我们一切遵循惯例，将去年的方案直接照搬照抄过来，改改时间、地点和人物就可以了。或是在去年做法的基础上略微进行调整，将指标调高两个百分点，或是将预算增加五个百分点。是否按照惯例行事，要看问题产生的环境条件有没有发生变化，如果程序性的问题，要坚持原有的规矩；如果环境条件发生了明显变化，决策方案也要随之而变，不能一切照旧。

撰写方案

撰写决策方案时要注意方案的写作模式。决策方案与工作计划不同，工作计划关注工作的整体进度安排，决策方案更关注工作细节和执行方法，要对目标要求、工作内容、方式方法、工作步骤、工作规范、预期结果等内容做出全面、具体、明确的安排，确保问题顺利解决。

常见决策方案的格式由标题、正文、落款构成，其中正文又分为前言、主体、结尾三个部分。

第一，标题。常见的标题有三种写法，工作内容＋文种（如×××专项行动实施方案）；单位名称＋工作内容＋文种（如××农业局关于深入开展党的群众路线教育实践活动实施方案）；发文时间＋单位名称＋实施的内容＋文种（如 2016 年××农业局领导班子及其成员年度考核实施方案）。

第二，正文。决策方案的正文部分一般包括前言、主体、结尾三个部分。

前言部分是写在正文主体前面的文字，主要说明编制决策方案的目的和依据。前言要求简明扼要，用一段话表达。前言的写作模式是，先写开展这项工作的目的，多用“为或为了……”开头；然后说明决策方案的制定的依据，多用“根据……，结合本单位实际，制定本实施方案”句式结尾。

主体部分是决策方案的主要写作内容。在主体部分，要写清楚四件事：一是工作的重要性和必要性，即为什么要开展这项工作。二是工作的指导思想、基本原则、目标要求，即开展这项工作的总体要求，要遵照什么指导思想来开展工作，工作的基本原则是什么，这项工作要达到什么样的目标，工作中的要求有哪些。三是实施这项工作的计划安排、工作步骤及方式方法等，即如何组织实施这项工作，确保决策落地。这部分内容是操作环节的重点，要写得明确具体。对于整体工作分为哪几个步骤，每个步骤的时间进度安排，哪些工作由哪些部门负责落实、哪些部门协调配合，要达到什么样的质量效果等等，都要制定出详细具体的安排和分工。四是实施这项工作的组织领导及保障，包括这项工作由哪位领导牵头，哪些人员参加，工作经费如何落实，哪些资源可以调动等等。

结尾部分是对贯彻决策方案提出明确的要求，对相关人员提出工作要求，确保决策方案得到贯彻落实。

第三，落款。要在决策方案的末尾写上单位名称及日期。如果标题中已经写明单位名称的，此处可以省略不写，直接写日期。

例：

标题：201×年全国农资打假专项治理行动实施方案

正文：

（前言）为切实加强农资打假和监管工作，保障农业生产和农产品质量安全，维护农民合法权益，根据××××××，制定本方案。

（主体）一、指导思想

贯彻落实××××××精神，深入开展农资打假专项治理行动，坚持标本兼治、打防结合和属地管理原则，严格落实农资监管责任，狠抓审批、生产、流通和使用等环节监管，严厉打击制售假劣农资产品的行为。全面落实××××××要求，以查处案件和公开案件为抓手，以农资监管信息化和农资生产经营信用体系建设为重点，大力推进社会共治，畅通放心农资下乡进村渠道，着力创新农资监管长效机制，推动农资市场秩序持续好转。

二、工作目标

通过农资打假专项治理行动，严肃查处一批违法犯罪案件，惩处一批违法生产经营主体，端掉一批假劣农资黑窝点，处理一批违法人员，努力实现农资生产企业现场检查率达到100%，投诉举报案件查处和反馈率达到100%，……，为全年粮食丰收和重要农产品有效供给提供保障。

三、工作重点

（一）重点品种

种子：严厉查处生产经营假劣种子、套牌侵权、未审先推、无证生产经营、包装标签不规范等违法行为。进一步扩大种子质量可追溯试点。

……

四、工作任务

(一)严格行政许可,加强市场监管

1. 严格许可管理。按照“简政放权”的总体要求,严格遵守行政权力清单,坚持属地管理原则,严格履行法律法规赋予的行政许可职责,严格执行许可条件、程序和标准,严把农资生产经营主体及其产品的市场准入关口,严禁降低标准和越权审批。要组织对被许可人从事行政许可事项情况进行检查,对不符合法定资质条件或者有严重违法行为的,要坚决依法予以清理、取缔。要全面掌握辖区内生产经营主体的基本情况,加强重点单位监管。及时公告行政许可及变更等有关信息。在本单位行政许可职责基础上,创新监管手段,大力实施农资产品电子追溯码标识制度或试点。

……

五、重点工作安排

(1)2 月,组织召开全国农资打假专项治理行动电视电话会议,部署 201×年农资打假和监管工作。

(2)3—4 月,组织开展农资打假专项治理春季行动。3 月,组织开展第十一届“放心农资下乡进村宣传周”活动。

……

六、工作要求

(一)加强组织领导

……

(二)加快队伍建设

……

(三)提升监管合力

……

（四）强化信息报送

……

结尾：单位名称

20××年×月×日

决策方案的写作格式并不是固定不变的，可根据具体工作需要对决策方案的写作格式进行调整，以符合单位实际。

修改完善

决策方案初稿形成后，要多方征求意见建议，不断对方案初稿进行修改完善。有条件的可通过书面征求意见、召开座谈会征求意见、个别访谈征求意见等形式，请他人站在不同的角度，对方案初稿提出观点和看法。对于征求到的意见建议只作为修改完善方案初稿的一个参考，可接受的就接受，不好接受的就记下来暂时放在一边，并不是一定要按照专家的意见建议去修改。

需要注意的是，在修改完善决策方案时，不要着急对决策方案进行评判。评价决策方案是下一阶段的工作，在方案选择时才需要进行。在决策方案制定阶段，我们的工作只是提出更多更好的决策方案。如果过早地对决策方案进行评判，会抑制创造力的发挥，阻碍下一个决策方案的形成。也许起初看起来不那么靠谱的决策方案，经过一定程度的调整完善后，就会成为最好的决策方案。

在修改完善决策方案时，要给自己留有应急或缓冲的机动时间。实际工作中，往往会存在一些不可控制的因素，出现一些预料之外的情况，在制定决策方案时，无论把握大小都要留出一定的机动时间，以备不时之需。一旦预料之外的情况出现，机动时间能够帮助执行者舒缓压力，只要能够在机动时间内完成决策目标，就算是按计划完成。比如，领导安排一项工作，要求一周完成，在制定决策方案时，时间进度要尽量往前赶，给自己留出一两天的机动时间，以应对可能出现的会议、检查、临时任务等意料之外的情况。

提交方案

决策方案修改完善形成终稿后，就可以提交了。提交决策备选方案时，要注意两个误区。第一个误区，决策备选方案越多越好，备选方案越多，最终做出的决策越科学。其实，最终决策的科学性与备选方案的数量无关，与备选方案的质量有关。高质量的备选方案，才能得出高质量的决策方案；低质量的备选方案，只能得出低质量的决策方案。而且，决策备选方案越多，给决策者带来的选择压力越多，出现选择错误的可能性也越大。一般而言，备选方案数量在三个左右最适合决策者做出科学选择，如果可供选择的备选方案确实比较多，可在前期进行一次初选，将质量不高的备选方案淘汰掉。对于有选择困难症的决策者，两个备选方案最好。第二个误区，花费在决策方案上面的时间越多越好，表明决策者对于该方案的思考更加全面和深入，方案内容更加详细和周密。人的思维能力是有限的，当能够思考的方向都已经思考过之后，再多的思考时间也很难带来新的思考方向的发现，都是站在原地打转转。当决策者感到已经把能想到的都想到了之后，就不要再花费时间去思考这个方案了，更多的时间也很难有效提高决策方案的质量。

风险性方案

如果决策问题是一个风险性较大的问题，各种决策方案都是高风险时。决策者在制定决策方案时，要重点考虑的事情是如何控制决策方案中的潜在风险。

试点或模拟。试点或模拟的过程就是采用演练、实验等方法，利用少量资源去预测未知。比如，国家要在某个领域开展改革，由于不确定改革的效果如何，可以采取试点的办法，选择几个省（自治区、直辖市）作为试点进行尝试，如果试点成功则在更大范围内扩大推广；如果试点不成功，也有利于将不利影响控制在最小范围。再如，近年来拆迁是社会的焦点，也是政府工作的难点，常见因拆迁引发上访的影响社会稳定的现象。但是，城市要发展，拆迁不能避免，如何开展好拆迁？有的地方政府采取了模拟拆迁的方式，由征管部门和征迁工作所在地方政府参照正式征地拆迁程序，对拟征迁地块在各工作环节充分征求模拟被征迁人意见，若在规定时间内达到规定指标的，再逐步推进，达到全部指标后最终转为正式征地拆迁的一种新征迁方式。如果超过一定比例的模拟被征迁人对于拆迁补偿不满意，始终达不成一致，则取消对该地块的拆迁意向，另选其他地块。模拟拆迁的最大优点是将未知的被征迁人的意愿变为已知，提前发现潜在的影响拆迁工作的风险。事实证明，模拟拆迁的形式让拆迁工作不再困难。

开展合作。当前许多地方政府都在采取 PPP 模式，在基础设施、修桥修路、医疗、养老、教育、科技等领域提供更好的公共服务。PPP 模式（Public Private Partnership）是指政府与社会资本之间，为了提供某种公共物品和服务，以特许权协议为基础，彼此之间形成一种伙伴式的合作关系，并通过签署合同来明确双方的权利和义务，以确保合作的顺利完成，最终使合作各方达到比预期单独行动更为有利的结果。PPP 模式将部分政府责任以特许经营权方式转移给社会资本主体（企业），政府与社会主体建立起“利益共享、风险共担、全程合作”的共同体关系，通过风险分担，降低政府的财政负担减轻、运营风险，同时降低社会资本主体的投资风险（包括政治风险、环境风险等），避免政府缺钱、企业缺政策的尴尬，从而实现共赢。

可逆性条款。如果风险是未知的，那么决策者应该尽可能在相关合同或协议中写入可逆性条款。可逆性条款是规定在什么情况下（风险出现或增大时）甲方可以无条件退出，以便在风险出现或增大时可以自由退出。比如，在签合同时，如果决策者不能确定这次合作会不会成功，就可以在合同中写明，在什么样的情况下，可以无罚款地单方面取消合同，或者在什么情况下，合同才能继续执行。这样的考虑会使这个合同成为一个可逆性的决定，避免继续履行合同遭受更大的损失。

过程性方案

有时候，决策方案的重点不在于决策结果，而在于决策实施的过程。假设，单位领导到办公室找你，他有一张明晚的演唱会门票去不了，办公室谁愿意去给谁。同办公室的小张和小王都想去。票在你的手里，你准备把这张演出票给谁？在这个决策中，演出票最终给谁并不是决策方案的重点，把票给小张或小王都可以，如何确定给谁是决策方案制定中需要重点考虑的问题。为什么给小张而不给小王，或是为什么给小王而不给小张，要有一个合理的方案。

投票选举也是工作中常见的关注过程的方案，选举的结果并不是决策方案的重点，确保选举程序的公平公正才是决策方案的重点。制定选举类决策方案时，考虑要全面周到，操作方式要具体详细，不能有任何没有想到方面，也不能有产生歧义的模糊表述。比如，在村两委换届工作中，制定村民选举委员会推选方案时，要考虑选举委员会的人数，规定好推选产生由单数组成的村民选举委员会，避免由偶数组成的村民选举委员会需要投票表决时出现平票的情况。要考虑避嫌的问题，要求村民选举委员会成员被提名为村民委员会成员候选人的，应当退出村民选举委员会。要考虑村民委员会成员工作态度的问题，有的地区规定村民选举委员会成员两次无故不参加选举工作会议的，视为自动退出。还要考虑到可能出现的其他情况，事先做好应急预案。如果村民选举委员会出现缺额的情况，可按照原推选结果依次递补，也可以另行推选；如果出现村民选举委员会在选举日放弃组织选举的情况，可以由镇人民政府代其依法组织选举；等等。

对于关注过程的方案来说，产生结果的过程的公平公正是决策的关键，要让大家都认可产生的结果，不能让没有获益的人认为过程不公平，产生不满的情绪。

第三节　重视决策信息

观察能力

观察与看不同，看是被动的让物体进入视野，观察是积极地去发现原本就存在的各类信息。当人们在看的时候，只要睁大眼睛即可，外界的信息会自动涌入大脑，但是在这些信息中能够给大脑留下印象的并不多，许多信息都会被视而不见。观察是要有意识地去认识眼睛看到的所有事物，主动去分析不同事物之间存在的联系，努力去记住令大脑感兴趣的事物的各种细节。只有这些有意识去看、留心去观察、努力去记忆的信息才会给大脑留下深刻的印象。

关于观察与看的区别，在福尔摩斯波希米亚丑闻事件中，大侦探曾与他的助手华生医生有一段对话。

最近很少和福尔摩斯见面。我婚后就和他的往来少了。1888年3月20日的晚上，在出诊回来的路上，我正好经过贝克街。从那个大门经过的时候，我突然想进去和老朋友坐一坐，聊一聊。我按了门铃，被领到原本部分属于我的那间屋子里。

他站在壁炉前，用他那独特的内省的神态看着我。

"结婚对你很合适"，他说，"华生，我想自从我们上次见面以来，你体重增加了7磅半。"

"7磅。"我回答说。

"的确，我本来应该猜得更多一点，却比7磅仅仅多一点点。华生，看得出来，你又重操医生职业了，可是你从前没跟我说过，你想干老本行。"

"你是怎么知道的呢？"

"我是推断出来的。要不我怎么知道你最近常常挨淋，并且雇用了一个粗心大意的小保姆呢？"

"天呐！福尔摩斯"，我说，"你太厉害了！如果在几百年前的黑暗时期曾经有你这样一个人的话，我想他是要被烧死的。你说的都是对的，我星期四下乡出诊，回来的时候下起了大雨，我被淋得透湿。可是这事情已经过去好几天了，而且我已经换了衣服，你是怎么看出来的？至于我们家的佣人嘛，她的名字叫玛丽·珍，做事情实在是太不让人放心了，我太太已经把她赶走了。可这个你是怎么知道的？"

听到我肯定了他的推测，他开心地微笑起来，轻轻地搓着自己那双手——一双非常敏感的手。

"这本身很简单"，他说，"我看到，在你左脚那只鞋的内侧，也就是炉火刚好照到的地方，有六道几乎平行的刮痕。很明显，这些刮痕是由于有人为了去掉沾在鞋上的泥巴，擦鞋时粗心大意而弄成的。因此，我就得出这样的双重推断：你曾经在恶劣的天气中出去过，你穿的皮靴上的特别难看的裂痕是伦敦无知的女佣干的。至于你开业行医嘛，那是因为如果一位先生走进我的屋子，身上带着碘的气味，他的右手食指上有硝酸银的黑色斑点，他的大礼帽右侧面鼓起一块，表明他曾藏过他的听诊器，我要不说他是医药界的一位积极分子，那我就真够愚蠢的。”

我说：“我听了你的推理，总感到事情似乎总是简单到了可笑的程度，以至于我自己也能轻易地做到这一点——尽管在你进一步解释你的推理过程之前，我对你的根据仍然是一头雾水。然而，我相信我的眼力同你的一样好。”

“是这样”，他点着一支雪茄烟，一屁股坐到扶手椅子上。“你会看，但你不会观察。这两者显然是有区别的。例如，你经常看见从大厅通往房间的台阶吧？”

“当然了，每次上上下下都要看到嘛。”

“你上上下下有多少次了呢？”

“让我想想啊，至少有好几百次了吧。”

“那我现在问你，这个楼梯有多少级台阶？”

“多少级台阶？这个我还真不知道。”

“正是如此，你看到了，却没有观察。这恰恰是我所说的不同。我知道共有17级台阶。因为我既看到了又观察了。”①

提高决策者的观察力，首先，要在观察前明确观察的目的。人们在信息收集时，如果没有明确的目的，只能算是看，不能称之为观察。只有当

① 柯南道尔. 冒险史. 云南人民出版社，2012

我们有明确的目的时，才算是观察。观察的目的应当包括观察的目标、观察的范围、观察的时间、观察的主要对象、观察的方法和步骤。并且在观察的同时，要做好观察记录，特别是对长期的系统性的观察，要持之以恒，不应因天气、心情等主客观原因而中断或放弃。

其次，要关注细节。要对事物进行精细地观察，能够在观察事物全貌的过程中，注意到事物的各个部分的特点、不同的阶段性特征以及相对隐蔽不容易被发现的细节。有一家手套厂想要加大市场开发力度，他们观察到每个人的左右手都是不一样大的，由于多数人都是右撇子，右手通常比左手大一点，于是在设计手套时，会将同一双手套的右手设计得比左手大一点，让顾客戴起来感觉更贴合手指。正是由于这一小点的改变，让这家手套厂的手套受到了大家的欢迎，手套厂的销量有了显著的提升。

再次，不过于专注。当我们观察的时候，往往集中全部注意力去看想要观察的事物，去发现所需要的信息。然而由于观察者过于集中精力在观察这件事情上，往往会对其他的事物视而不见，遗漏一些明显的信息。有一个著名的传球实验，身穿黑白两色球衣的两组队员相互传球，要求观察者认真观察传球过程，并记下相互传球的总次数。传球期间，有一名工作人员身穿大猩猩的衣服从球场中间穿过。当观察结束后，询问有多少人看到了大猩猩，相当多的人都很茫然。特别是在回答正确传球次数的观察者，绝大多数都没有看到大猩猩；而中途放弃观察传球次数的观察者中，大多数都看到了大猩猩。因此，在观察过程中，并不是注意力越集中越好，要学会不过于专注，要留出一定的注意力去观察那些目标之外的事物。

最后，保持客观的态度。观察特别是全面客观的观察，并不是很容易的事。由于每个人的知识水平不同、兴趣爱好不同、所处立场不同，对同一事物的看法也是不一样的，收集的信息也有所不同。一方面，我们总是容易收集那些我们感兴趣的信息，那些我们不感兴趣的很难引起我们的注意；另一方面，我们总是倾向于收集那些我们想收集的信息，对于我们不想收集的信息视而不见。比如，我家斧子丢了，越看邻居小王越像小偷，并且收集了相当多的信息来证明邻居小王就是偷斧子的小偷。几天后斧子找到了，越看邻居小王越不可能是小偷，并且找到了有力证据来证明邻居小王不可能是偷斧子的小偷。为什么前后几天会有不同的结论？因为在找不到斧子的时候，我们更倾向于发现偷斧子的小偷，当斧子找到了的时候，我们不再倾向于发现偷斧子的小偷了。因此，在信息收集时，要尽量保持客观的态度，不戴着有色眼镜看事情，也不能像盲人摸象的故事一样，只根据片面的信息就去推断事物的整体情况。

收集方法

信息收集是指通过各种方式获取所需要的信息，这是制定决策方案的第一步，也是关键的一步。信息收集工作的好坏，直接关系着决策方案制定的质量。空城计能够成功，就是由于诸葛亮熟悉司马懿的性格，利用司马懿多疑的性格特点，造成敌方错觉，从而惊退敌军。

信息收集的方法有多种，可以根据实际需要选用某一种或多种方法。

第一，取样调查法。根据样本量的大小分为普查和抽样调查两种。普查是为了某种特定的目的，专门组织的全面性调查。开展普查一般是调查某一时点的社会经济现象的总量。普查涉及面广，指标繁多，工作量大，操作难度大。抽样调查是一种非全面性调查，它是从全部调查研究对象中，选取一部分有代表性的样本进行调查，根据样本调查结果推断全部样本情况的一种调查方法。根据所选样本，可以将抽样调查分为概率抽样和非概率抽样两种。概率抽样是从全部样本中随机抽取样本进行调查，符合概率论和数理统计的原则，通常所指抽样调查为概率抽样调查。

与普查相比，抽样调查涉及面小，指标较少，工作量小，操作难度小。

开展抽样调查时，调查结果能否客观反映总体的情况，取决于样本量的大小，样本量越大越能够代表平均数值，样本量越小越容易偏离平均。比如，统计新生儿性别比例时，如果选择大医院作为样本，由于每天出生的新生儿数量较多，男女比例趋近于50%的平均数；如果选择小医院作为样本，由于每天出生的新生儿数量少，可能出现多数都是男婴或多数都是女婴的情况，抽样结果不能代表客观规律。同理，抛硬币的时候，如果只抛5次硬币，出现3次以上正面的概率很高，样本量小时容易偏离平均数；如果样本量大，抛5 000次硬币，通常出现正面的机会符合平均概率，出现3 000次以上正面的概率很低。

第二，现场观察法。现场观察法是指信息收集人员根据一定的目的，深入现场，通过用自己的感官和辅助工具去直接观察事物，从而获得信息的方法。现场观察主要观察两方面内容，对人的行为的观察和对客观事物的观察。现场观察时，提倡看、问、做、思相结合。看是站在远距离，用挑毛病的眼光去看问题；问是问具体工作人员为什么要这样做，这样做的优点是什么，还有哪些不足及需要改进的地方；做是在工作人员的指导下，具体操作一次，能够发现日常工作中容易被忽视的问题；思是针对发现的问题和不足，思考问题产生的原因及改进不足的方法。

第三，模拟实验法。模拟实验法是在人为控制研究对象的条件下，模仿实验的某些条件进行实验，并开展观察的方法。模拟实验法是科学实验的一种基本类型。在现实工作生活中，有时遇到的决策问题是我们所不熟悉的，很难凭借已有的信息进行科学决策。这时就需要通过模拟实验来模拟该问题在不同情况下的可能发展过程，以此作为制定决策方案的依据。与其他方法相比，模拟实验法能够让我们通过控制某些实验条件，更深入地了解某个关键因素对问题发展的影响，且通过实验获得的信息更客观、更真实，有利于对问题本质的研究。

第四，文献检索法。文献检索就是通过文献检索获得所需的信息的方法。文献检索根据检索方式分为人工文献检索和计算机文献检索。人工文献检索是到图书馆、资料室、档案室，通过文献目录、索引、文摘、参考指南和文献综述等来收集信息的方法。计算机文献检索通过计算机在中国知网等数字图书馆上检索文献的方法。与人工文献检索相比，计算机文献检索速度更快、检索范围更广、准确度更高、信息量更大，是当前收集文献信息的主要方法。

第五，网络信息收集法。网络信息收集法是指在互联网上收集信息的方法。随着互联网的飞速发展，网络信息收集法当前最简便、最广泛使用的信息收集方法。当我们遇到问题时，上网搜一搜，3 分钟就能收集到上百条信息。

分析信息

信息分为两种，有效信息和无效信息。决策需要的信息是有效信息，而客观情况是决策者收集的信息多是未经过筛选、未经过加工的有效信息与无效信息的混合信息。如果直接使用这样的混合信息，容易让决策者迷失在信息的海洋中，抓不住重点，分不清方向，导致决策失误。因此，在决策者使用信息前，要对信息进行分析、筛选和加工，将有效信息挖掘出来。

第一，筛选信息。收集到的信息存在大量重复信息和一些假信息，要通过初步判断和筛选，从原始信息中剔除重复信息和假信息，精简要处理的原始信息数量。然后，从剩余信息中快速找到与决策目标关联度高的信息，将这些可能有用的信息筛选出来，作为决策的信息源。

能否快速筛选出有效信息，在一定程度上决定了决策的质量和效率。筛选出的信息越精准，领导决策越科学。提高筛选效率的一个技巧是寻找关键词，时刻保持对关键词的高度敏感性，有助于从海量的信息中快速准确地找出有用的信息。

第二，处理信息。信息处理是对信息进行去伪存真、去粗取精、由表及里、由此及彼的加工过程。根据对所收集信息的处理工序，可以将信息分为一次信息、二次信息和三次信息。

一次信息也指原始信息，是人们在工作生活中直接获得的、未经加工或粗略加工的信息。原始调查数据、期刊论文、专利文献、科技报告、会议纪要、实验数据等都是一次信息。一次信息的特点是信息量大、类型丰富、主题新颖、内容详细、准确性高，是领导决策的基础，对决策结果的影响最大。

二次信息是对一次信息进行分类和排序后形成的信息。比如将同一主题、同一出处、同一作者、同一单位、同一学科、同一工作所形成的信息进行分类汇总，形成的相对有序的信息，才能高效快捷地进行存储、检索和使用。

三次信息是从分门别类的二次信息中选择出所需要的那部分一次信息，对其进行归纳、分析、总结、提炼形成的信息。三次信息是对一次信息的分析和研究，工作总结、数据分析、调研报告、研究综述等都是三次信息。三次信息的特点是系统性强、综合性强，主题明确、重点突出，含金量高、便于使用。

第三，量化信息。对于筛选处理后的信息，还要进行最后一步准备，尽可能地用数字进行量化。一个好的决策方案中，工作目标、工作要求、计划安排、工作步骤等内容等表述信息越数字化，表达的意思越准确，在几个备选方案进行比较时越好比较，量化的目标要求也有利于决策方案的高效执行。

假设某单位要组织全体职工集体看话剧，初步安排是下班后统一吃饭、集体入场。如果你是该单位办公室主任，你准备如何做？在这个决策方案中，最关键的是选择吃饭场所，环境要好，菜要做得好，且预算有限不能太贵，时间也有限不能迟到（只有 1.5 小时吃饭并赶到话剧院）。你通过调查选出两家餐厅，想让领导选一下。

A 餐厅，据说菜做得很好，环境一般，上菜比较慢，价格适中，距离话剧院 5 千米；

B 餐厅，菜做得还行，环境很好，上菜很快，价格偏贵，距离话剧院 3 千米。

看到上面关于两家餐厅的描述，领导会感到选择很困难。比如，菜做得好与还行之间的差距有多大，介绍比较模糊，不好比较；B 餐厅比 A 餐厅贵，到底贵多少，会不会超出预算，可能超出多少，没有进行测算；在距离方面只写出了餐厅与话剧院之间的距离，没有列出路段拥堵情况，如果 B 餐厅位于交通拥堵位置，到达话剧院所用的时间可能比距离远的 A 餐厅还要多。如果对决策方案的相关信息进行量化，效果会更好。

A 餐厅，菜品评价 4.8 份，环境一般，无包间，上菜时间 20 分钟，价格不超预算且有富余，距离话剧院车程 15 分钟；B 餐厅，菜品评价 4.5 分，环境很好，有包间，上菜时间 10 分钟，价格超出预算 5%，距离话剧院车程 20 分钟。

使用信息

人们总认为客观真实的信息就是有效的信息，在问题决策中可以用来支撑观点和结论。他们忽略了每组信息的来源都有其局限性，信息的使用范围取决于信息获取者的立场，站在同样的立场上这些信息就是有效的，站在不同的立场上这些信息有时就是无效的。使用客观真实的信息不一定能够做出科学的决策。

对于同一个问题，要从不同的角度开展调查，综合分析不同的调查信息，才能做出科学的决策。比如，某小区群众反映，某路公交车发车间隔时间太长，在该小区附近公交站点等车都要等很长时间。于是有关部门组织了两组人员开展问题调研，提出解决问题的办法。第一组人员赶赴公交总站，现场调查公交车多长时间发一班，结果发现公交车都是按照固定的发车时间发车，10 分钟一班，不存在群众反映的该路公交车间隔过长的问题。第二组人员赶到该小区附近的公交站进行了 50 分钟的调查，想看看到底公交车的平均间隔时间是多久。结果发现该站点位于该路公交车路线的中后段，前段路程要经过道路拥堵路段，经常导致该路公交车经过该站点的时间没有规律。在调查的前 20 分钟连续经过了 4 辆公交车，之后没有一辆公交车经过，直到第 50 分钟才来了第 5 辆公交车。虽然总体来看在 50 分钟经过了 5 辆车，平均每 10 分钟发一辆车；但从该站点的乘客的角度来看，平均等车的时间＝乘客在前 20 分钟到达公交站点的概率（40％）×前 20 分钟公交车平均经过时间（5 分钟）＋乘客在后 30 分钟到达公交站点的概率（60％）×后 30 分钟公交车平均经过时间（30 分钟）。计算结果是公交车的平均间隔时间为 20 分钟，确实如群众反映的一样，该路公交车的间隔时间过长，需要多发几班车次，缩短间隔时间。两组调查人员的调查结果都是客观真实的，但是得出的结论却大不相同，主要原因是两组调查人员所站的立场不同，在公交总站与公交站点进行调查，获得的信息是不同的。

在社会生活中，我们更要注意多角度看问题，不能在缺少可靠规律的情况下，仅凭局部信息去推论事物的全貌。比如，邻居家的小孩抱怨说他妈妈总是让他写作业、上课外辅导班，做他不喜欢做的事情，他认为他妈妈对他不好。这个判断正确吗？再如，你经常搭乘某同事的车上下班，有一天该同事因为某种原因忘了接你，致使你在冬天的寒风中白等了他半个小时，事后该同事也没有和你做解释说明原因。你是否会由此产生抱怨，认为这个同事不讲信用，不是一个靠谱的同事？每一个问题都有其两面性，要利用好正反两面的决策信息，用辩证地眼光、发展的眼光看问题，做出科学的决策。

第四章　培养创新思维

创新是一个民族进步的灵魂，是一个国家兴旺发达的不竭动力，也是中华民族最深沉的民族禀赋。纵观人类发展历史，创新始终是推动一个国家、一个民族向前发展的重要力量，也是推动整个人类社会向前发展的重要力量。习近平总书记强调，我国是一个发展中大国，目前正在大力推进经济发展方式转变和经济结构调整，正在为实现“两个一百年”奋斗目标而努力，必须把创新驱动发展战略实施好。创新是应对新情况新问题的制胜法宝。

第一节　认识创新思维

什么是创新

创新是一种创造新东西、做出新举措、提出新想法的活动，是给现有资源创造新的价值的行为。比如，新技术发明、新产品创造、新规律的发现是创新，做出新的产品、提出新的方案、创作新的作品是创新，提出新的理论、建立新的制度、提出新的管理方法也是创新。创新让我们的工作更高效、更快捷，生活更舒适、更便利。比如，让两个推销员到海岛上去推销皮鞋。不善于创新的推销员到了海岛上后,发现这个岛上的人都是赤脚不穿鞋的,他想这里的人没有穿鞋的习惯,皮鞋作为一种商品根本就没有市场,于是第一个推销员沮丧地回去了。而善于创新的推销员到了海岛上后,看到每个人都不穿鞋,他想“这里的市场太大了,只要一个人买一双鞋,就是多么大的销售量呀!”于是,这个推销员就在海岛上驻扎下来,准备撸起袖子大干一场。

需要注意的是,创新不是要打破一切从头再来,而是结合自身实际,在已有基础上的进一步改进和完善。在机关工作中,创新思维并不向企业一样流行,因为多数的机关工作都不需要创新。这些机关工作业务相对稳定,每年变化不大,对于如何有效完成这些工作已经过无数次调整完善、相对成熟的制度和流程不需要我们再进行创新,遇到程序性问题的决策时只需要按规矩办即可。只有当面对新情况新问题,没有以往的经验可循,在制定决策方案时才需要创新。许多年轻人在刚刚工作时,总认为老规矩有不高效的一面,应该加以改进,其实是因为他们只接触到了工作的一部分、没看到工作的全貌,那些在看起来没有意义的规矩,其实是针对没有看到的工作的另一面所制定的。像是有的交通规则在一部分人看起来实在是没有意义,但当他因为没有遵守这个规矩而出现交通事故后,他会高度重视规矩的作用,从此再不会违反交通规则。

什么是创新思维

在创新过程中,最重要的是思维的创新,只有先在认识上有所改变,才能在行动上有所突破。可以说,创新是思维活动和实践活动相结合的复杂活动。创新需要决策者的思维独特、头脑开放、反应迅速,用新的认识和理解去分析问题,找到工作中的突破。思维的独特性是指要能够独立思考,面对问题时有自己的观点和立场,不容易被别人的观点所左右。开放的头脑要求决策者具有包容的心态,愿意接受不同的观点和看法,善于吸收别人的经验和教训，能够从不同的角度、不同的方向去思考解决问题的方向。

日常工作中，迅速反应能够让决策者抓住机会，在复杂的局面中掌握主动性。与稍后提出更好的解决方案相比，我们更需要的是能够快速地提出解决方案，即使这个方案还存在一定的缺陷。

有个小笑话，某军营每到星期天的时候，士兵们都很兴奋，可以进城逛逛。某天，连长通知全体士兵说："凡是要进城的人都必须穿戴整齐，只有通过了我的检查才行。"一个新兵很着急，跑着来找连长检查，连长抬头看了看他说："你的头发太长了，先去理发再来。"新兵跑到理发室一看，里面挤满了人，要等很长时间才能轮到他。这个新兵想了想，跑回营房开始擦皮鞋，擦得又光又亮后跑去见连长。"报告连长，我的皮鞋擦好了。"连长低头看了看，"你可以进城了。"迅速反应考验的是决策者在遇到新问题时灵活应变的能力，这个士兵就是由于能够在最短的时间内做出相应的反应，才获得了早进城的机会。

第二节　激发创新思维

创新的过程

创新是一项脑力活动。新的想法不会一下子就冒出来，它需要决策者投入长期的思考和探索，甚至是多次的失败和自我否定后，破而后立。有时候，创新的思维过程很短，只有几分钟、几个小时、几天，就能够想到新的想法。比如，在面对突出事件的时候，决策者只有短暂的几分钟去思考解决的方案，创新就是在这几分钟的时间里产生的。有时候，创新的思维过程很长，可能需要几个月、几年甚至几十年。比如，作家要创作一部作品、演员要演出一个剧目、国家要制定一项长期规划，都是一个长期的过程。

无论创新思维过程的长短，创新思维的产生都要经历发现问题、思考问题、产生新想法和完善新想法四个阶段。这是创新思维从开始到结束的完整历程。

第一阶段，发现问题。新的创新往往来源于变化产生的新题目。机关工作人员要时刻保持对新鲜事物的好奇心，在新情况新问题出现时就开始进行创新思维，不要等问题发展严重后不得不解决时才开始思考解决方案。

> 1996 年，有四川农民投诉海尔洗衣机排水管老是被堵。服务人员上门维修时发现，这位农民居然用洗衣机洗地瓜，泥土大，当然容易堵塞。但服务人员并没有推卸责任，依然帮顾客加粗了排水管。农民感激之余，说如果能有洗红薯的洗衣机就好了。经过调查，海尔了解到，红薯上沾带的泥土洗起来既费时又费力，于是农民就用洗衣机洗。
>
> 发现问题后，海尔集团立即开始研发，于 1998 年推出了洗地瓜洗衣机。该洗衣机不仅具有双桶洗衣机的全部功能，还可以洗地瓜、水果甚至蛤蜊。首次生产了 1 万台投放农村，立刻被一抢而空。①

第二阶段，思考问题。这一阶段是创新过程中用时最长的阶段，大脑要对问题进行全面的思考，分析各种可能用到的信息，研究各种可能解决问题的方向。有时，人们会在思考无果的情况下，放下正在思考的问题，转而去研究新的问题。表面上看，决策者已经不再关注旧问题的思考了，甚至决策者本身的主观意识也是如此认为的，但他的大脑仍在潜意识里持续思考着这个问题。有的决策者总是说他们的创新思维能力不强，总是想不出好办法，也许只是他们的思考还不够成熟，没有等到瓜熟蒂落的时刻。

---

① http://weibo.com/1728875812/ACAt483mV? type=comment#_rnd1505537069258

第三阶段,产生新想法。新想法的产生很像是灵机一闪,总是突然出现。其实,新想法的雏形已经存在于决策者的头脑里了,缺少的只是灵机一闪的契机。许多作家、画家等创作性艺术家经常要抛开当下的所有工作,到各地去旅游、去采风、去体验不同的生活,就是为了去寻找灵感,寻找一种思维喷涌的冲动。可能某一天,因为一句话、一篇文章、一个现象、甚至一觉醒来,新的想法就会突然出现在头脑中了。

叙拉古赫农王让工匠替他做了一顶纯金的王冠。王冠做好后,国王疑心工匠私吞了黄金,金冠并非纯金制成的,如何在不破坏王冠的情况下,验证皇冠是用纯金制作的。这个问题难倒了国王和诸位大臣。经一大臣建议,国王请来阿基米德来检验皇冠。

最初阿基米德对这个问题无计可施。有一天,他在家洗澡,当他坐进澡盆里时,看到水往外溢,突然想到可以用测定固体在水中排水量的办法,来确定金冠的体积。他兴奋地跳出澡盆,连衣服都顾不得穿上就跑了出去,大声喊着"找到了!找到了!"

阿基米德对浮力定律(即物体在液体中所获得的浮力等于它所排出液体的重量)做了进一步的实验完善以后,才去到王宫,把王冠和同等重量的纯金放在盛满水的两个盆里,比较两盆溢出来的水,发现放王冠的盆里溢出来的水比另一盆多。他成功证明了王冠的体积比相同重量的纯金的体积大,密度不相同,所以制成的王冠不是纯金的,里面掺进了其他金属。

第四阶段,完善新想法。新想法产生后,并不是创新过程的结束,还要对新的想法进行进一步的验证和完善,增强新想法的可行性和可操作性。

创新的品质

不是人人都善于创新，善于创新的人往往都具有独特的创新的品质。

冒险精神。邓小平说过，“没有一点闯的精神，没有一点冒险精神，没有一股气呀、劲呀，就走不出一条好路，走不出一条新路，就干不出新的事业”。面对困难和问题，能不能闯出一条新路，推进事业发展迈上新台阶，关键在于有没有冒险精神，敢不敢承担其中的风险和责任。只有为了发展不怕担责任、不怕受挫折、不怕遭非议，才能打破常规，在创新中求发展。

不怕失败。失败是成功之母，任何成功创新的背后都一定伴随着无数次的失败。失败并不可怕，爱迪生发明白炽灯失败了一千多次，可怕的是缺少直面失败的勇气，如果跌倒了爬不起来或是爬起来不敢再次前行，很难去进行创新。人们害怕失败，因为失败会给人带来挫折感，打击人的自信心。失败是一种心理挫折，只要决策者能够转变思维方式，把失败看作是又一次学习和进步的机会，而不是对于自我的否定，就容易接受失败了。

产生兴趣。爱因斯坦说过：“兴趣是最好的老师。”决策者一旦对某项工作产生了浓厚的兴趣，就会有一种强烈的念头要去深入剖析这项工作，改进工作方式方法，完善工作业务流程，提高工作质量和水平，直到这项工作在他的眼中变成完美的样子为止。对于有兴趣的工作，人们总是能够迸发出巨大的热情，主动投入大量的精力和时间去收集信息、思考问题、不断实践、不断创新。对于缺少兴趣的工作，人们很容易出现满足的感觉，失去创新的动力与活力。

想象能力。李克强总理曾说，全球现代化进程需要创新，而创新不仅来自人类文明知识积累，更来自人类丰富的想象力。想象力是大脑在某个事物的已有形象基础上创造出新形象的能力。马克思曾把想象力称为“十分强烈地促进人类发展的伟大天赋”。由于具有想象力，人类才能激发社会创造力，不断发现新事物、新规律，提出新概念、新理论，创造新知识、新产品，推动社会进步和实践发展。可以说，想象力比知识更重要，因为知识是有限的，而想象力概括了世界的一切，推动着世界的进步，并且是知识进化的源泉。

19世纪30年代，德国化学家米希尔里希通过测定，确定了一个苯分子中含有六个碳原子和六个氢原子。理论上这应该是一种不饱和度极高的有机物，化学性质应该很活泼，但苯的化学性质却非常稳定，说明苯的结构和其他不饱和有机物的结构不一样。凯库勒和许多化学家一样都致力于研究苯的结构，但绞尽脑汁也无法获得最终答案。一天他睡着了，睡梦中梦见碳原子排列成了一条长长的链条，像蛇一样不断盘旋，突然这条蛇咬住了自己的尾巴，形成了一个环。凯库勒猛然惊醒，受到梦的启发，发现了苯的结构是一个六角的环状。

创新的障碍

思维定式与思维惯性是创新思维活动中最常见的思维障碍。创新过程中，要注意发现是否落入了思维障碍的圈套，努力克服思维定式与思维惯性，让思维开放起来。

思维定式。思维定式是指之前的思维活动会对之后的思维活动出现倾向性引导作用。有时候，思维定式对于解决问题具有积极作用。比如，面对同样的问题，思维定式能够让决策者快速找到解决问题的方案；面对类似的问题，思维定式能够让决策者在较短的时间内发现老问题与新问题之间的联系与区别，用老办法去解决新问题中与老问题相同的情况，集中精力去研究解决新问题中新情况的办法。但更多的时候，思维定式容易让决策者产生一定的懒惰思想，只要环境条件变化不大，老办法还能够基本解决问题，就不会用心去思考新的解决办法，只愿意重复上一次的解决方案，不愿意做出创新。

思维定式的一种表现形式是权威定式。权威定式指决策者盲目相信权威或专家的观点。在面对问题时，决策者缺少自己的思考，以权威或专家的观点作为自己的观点，并对这些观点的真实性不加辨别、盲目相信。

古希腊思想家亚里士多德认为，物体从高空落下的速度与物体的重量成正比，重的物体下落快，轻的物体下落慢。因受权威定式的影响，此后两千多年里人们都把这个论断当作真理坚信不疑。1589年，物理学家伽利略提出了相反的意见，他认为物体下落的速度不由其重量决定，并在比萨斜塔进行了试验。伽利略将一个重100磅的大铁球和一个重1磅的小铁球同时从塔顶抛下，结果是两个铁球几乎同时落到地面。比萨斜塔试验表明，不同重量的物体在自由落体运动中加速度是一样的，只要是从同一高度下落的，落地的时间相同，从而推翻了亚里士多德的错误论断。

思维定式的第二种表现形式是从众定式。从众定式指个人在集体生活中容易受到群体行为的影响，做出少数服从多数、个人服从集体的行为。比如，在集体讨论工作时，如果大家都不主动发言，那些想发言的人也不会主动举手发言；如果大家发言踊跃，你一言我一语，那些原本不想发言的人也会主动发表自己的意见。一方面，从众定式让个人与集体保持一致行动，有助于个人快速融入集体；另一方面，从众定式会压抑个人的不同想法，不利于个人的自由发展。

思维定式的第三种表现形式是经验定式。经验定式指按照过去的经验解决新的问题。机关工作中，由于过去的成功经历，许多领导干部容易形成凭经验想问题、办事情的习惯，遇到新的问题首先去看过去是怎么办的，总想按照过去的经验办。当外界环境条件发生较大变化时，经验定式会引导决策者做出错误的决策。有实验人员做过一个实验，把 5 只猴子关在一个笼子里做实验。这个笼子顶上挂了一串香蕉，并安装了一个喷水龙头，只要有猴子试图爬到笼子顶部摘香蕉，就会有水喷向笼子里所有的猴子。起初，5 只猴子都试图去摘过香蕉，无一例外都被喷了一身水，于是这 5 只猴子都不再去摘香蕉。后来，试验人员用一只新猴子替换了笼子里的一只老猴子，并关闭了喷水龙头。新猴子看到笼子顶端有香蕉，刚想去摘，结果被其他 4 只老猴子暴打一顿制止了。过了一段时间，试验人员又用第二只新猴子替换了笼子里的一只老猴子，第二只新猴子也想去摘香蕉，结果也遭到了其他猴子的暴打，其中第一只新猴子打得最厉害。此后，试验人员陆续替换了笼子里的剩余 3 只老猴子，只要有新来的猴子想去摘香蕉，都会遭到其他猴子的暴打，这时笼子里的猴子中没有一个知道不能摘香蕉的原因，只是凭着过去的经验认为不能这样做。

思维惯性。思维惯性是指按照习惯的思考方式去思考的心理倾向。比如，一个聋哑人到商店去买钉子，他比画敲钉子的动作，售货员看了看，拿给他一个锤子，他摇手，继续比画敲钉子的动作，售货员这次拿给他一个钉子，聋哑人点头表示对了，拿着钉子走了。之后，一个盲人走进商店要买剪刀，盲人要如何表达呢？很多人的第一反应是比画剪刀剪东西的动作。其实盲人是会说话的，可以用语言交流。为什么有的人没有想到这一点，因为前面的聋哑人用比画的方法，形成了思维惯性，使得我们在思考问题时产生盲点，影响了后面的决策思维。

第三节　常见创新思维

逻辑思维

逻辑思维是机关工作决策中最基本、最常用的思维方式，创新思维都是以逻辑思维为基础进行的思维活动。逻辑思维是指遵循逻辑规律进行思考的思维方式，通过一定的逻辑关系进行推理，推测出事物的本质特征或内在规律。逻辑思维中，将对鲜活事物的感性认识抽象成为文字性的概念或定义，因此也被称作抽象思维。

逻辑思维能力是每个人都需要掌握的能力。提高逻辑思维能力可以从几个方面入手：一是提高抽象概况的能力。通过观察事物的外在表现，准确发现事物的本质特征，并像给同学起外号一样，用最贴切的文字给这个事物贴上几个标签，让人们一想到这几个标签就能够想起这个事物。二是提高逻辑推理能力。逻辑推进能力是一种通过大量练习能够提高的能力。日常工作生活中，要有意识训练自己的逻辑推理能力，尝试着依据一定的理论和规律，推断出某件事情未来的可能发展趋势。三是提高分析问题的能力。要系统学习唯物辩证法、系统思维方法，提高决策者分析问题现状、发现问题产生的原因的能力。

发散思维

发散思维又称辐射思维、放射思维、扩散思维或求异思维，是指大脑在思维时进行扩散性多方向思考的思维模式。发散思维的要求是不能只沿着一个方向思考，要从不同的方向思考问题，最终产生多种可能答案。比如，同一道计算题会有几种不同的解题方法，这些方法中可能有的使用的公式简单，有的计算步骤少，有的数学计算量小，但无论哪种方法都能够最终解决问题，得到同样的答案。获得不同种解决问题方法的过程就是发散思维的过程。

由于思维定式和思维惯性的影响，决策者想要做到发散思维不是一件容易的事情。因为当大脑中存在一个可能的解决问题的思考方向时，大脑不愿意去费力气寻找其他可能的思考方法，只有当发现这个可能的方向走不通的时候，大脑才会去寻找其他的思考方法。决策者要有发散思维的意识，在找到一种解决方案后，说服自己的大脑，继续寻找其他的解决方案。

可以利用逆向思考的方法进行发散思维。逆向思考是利用任何事物之间是互相联系又互相区别、具有正反两面的特点，从相反的方向去思考问题。逆向思考有助于决策者去全面地看待问题，只有看到问题的正反两面，了解事物的优点和不足，才能准确把握问题的本质。

有A、B、C、D四种物体，其中A和B可以相互转化，B在沸水中能够生成C，C在空气中会变成D，D有臭鸡蛋的气味，A、B、C、D分别是什么？

采用逆向思考方法，A是鸡，B是鸡蛋，C是熟鸡蛋，D是臭鸡蛋。

可以利用横向思考的方法进行发散思维。横向思考就是要举一反三，将某问题中有效的解决方案移植到其他领域的相似问题的解决方案中。采用横向思考方法，能够拓宽决策者的解题思路，用同样的方案解决多个问题。需要注意的是，横向思考的深度不够，往往不能用于对问题的深入的剖析。

一个法官在路上遇到一起争执，两个妇女在争抢一个小孩，她们都说这个孩子是自己的。法官审了很长时间也没能从逻辑上判断出哪个妇女是孩子的母亲。于是法官进行横向思考，他让这两个妇女一人一边拉着孩子的手，谁最终把孩子拉到自己怀里，谁就是孩子的母亲。两个妇女像拔河一样一人一边使劲拉孩子，谁也不放手。由于两个妇女的力气都很大，孩子被拉疼了哭了起来，这时候一个妇女松开了孩子的手，另一个妇女立刻说孩子是我的。法官说，你不是孩子的母亲，如果是亲生母亲，在看到孩子哭时，会因为心疼孩子而放手。

可以利用发问的技巧促进发散思维。面对问题的时候，多问问自己“还有没有其他的答案”、“还能够想到别的答案吗”，强迫大脑进行思考，给出更多的决策方案。

形象思维

形象思维是指利用身体的感觉器官对鲜活事物的直观感受进行思维的过程。比如，眼睛看到的画面、耳朵听到的声音、鼻子闻到的气味、舌头尝到的味道、皮肤感受到的触觉等，都是形象思维的一种。形象思维与逻辑思维不同，形象思维能够帮助决策者从直观上去认识事物，帮助人们去理解抽象的概念。

曾有位年轻人向爱因斯坦请教什么是相对论。虽然在几分钟内让一个门外汉弄懂相对论十分困难，但爱因斯坦用十分形象的语言，为相对论做了解释。“假设你同你喜欢的人在一起聊天，一个钟头过去了，你只觉得过了 5 分钟；可如果让你同你不喜欢的人在一起聊天，短短 5 分钟，就感觉会像一个小时一样。这就是相对论。”爱因斯坦成功地运用形象思维，解答了一个抽象的问题。

大脑能够对头脑中的事物形象进行无限次的变化和组合，这些新的形象往往就是创新的来源。比如，把同类事物进行组合，电视与电话组合产生了可视电话；把不同类的事物进行组合，台秤与电子计算机组合产生了电子秤；把功能互补的事物进行组合，手枪与消音器组合产生了消声手枪；把多个物体进行综合性组合，自行车与电机、蓄电池相结合产生了电动自行车。很多新事物的产生，都是形象组合的结果。

形象思维还是人类能够进行联想和想象的基础。比如，两个人在身形外貌上比较像，当看到其中一人的时候就会联想到另一个人；经常到某个商店买东西，每次想要买东西的时候，就会联想到该商店；两个物品的功能相似，了解了其中一个物品的使用方法，通过联想就能大概了解另一个物品的使用方法。再比如，白天对某事情留下了深刻印象，晚上做梦时能够梦到该事情的部分片段；小说家虚构不存在的时空、不存在的人物；科学家幻想有一天能够遨游宇宙。这些都是形象思维在起作用。

研究人员发现，人的左脑控制语言、逻辑思考，人的右脑控制艺术创造、形象思维。左脑发达的人，善于判断逻辑关系，善于数理统计，善于技术工作；右脑发达的人，善于想象，善于感知，善于创作。锻炼我们的右脑，有助于增强形象思维。

直觉思维

直觉是指大脑在无意识的情况下对出现的问题做出的反应。有人把直觉思维归为一种潜思维。潜思维是受潜意识影响的思维，通常只在大脑深处活动，对大脑中储存的各种信息进行随机性的处理和加工，产生无法预测的结果。与有意识的显思维相比，潜思维的工作时间更长，全天24小时都在活动，甚至人们在睡梦中潜思维都在活动；潜思维能够调动的信息更多，包括活跃在大脑表层的信息，还包括沉睡在大脑深处的、多年以前的、已经被人们遗忘的信息；潜思维的工作方式就像是电脑内存一样，并不是只有接到命令后才活动，在没有命令时也会自发地在后台工作，维护系统。

直觉思维经常被拿来与逻辑思维进行比较。与逻辑思维相比，直觉思维的优点是反应速度非常快，可能只有零点零几秒，在我们还没有察觉到大脑在思考的时候，大脑已经完成了思考；思考过程是大脑自动进行的，不需要意识去控制；消耗的能量少。直觉思维的缺点是没有经过认真的思考和分析，得出的结论经常没有逻辑；思考的方向不受控制，开始和结束的时间不确定。

直觉思维可靠吗？有人认为直觉是一种感觉，有时准确、有时不准确，很难说出对与错的理由和依据。在机关工作中，如何判断直觉的对与错？答案是，取决于问题本身。对于熟悉的问题，直觉思维比逻辑思维有效。比如，在打乒乓球时，见到对面来球后，没有人会去认真思考分析这个球是从哪个方向来的、大致的落点会在哪里、要如何去接球，都是凭直觉自发地去应对。如果我们对这个球路熟悉，接到球的成功率就高；如果我们对这个球路不熟悉，接到球的成功率就低。但是，对于不熟悉的问题，直觉思维往往容易出错。比如，某高层大楼起火了，有的被困人员从高层窗户跳下来，出现人身伤亡；或是当见义勇为的人去救溺水的人时，溺水的人会紧紧抱住见义勇为的人，两个人一起往水下沉，这种错误做法都是直觉思维起作用的结果。

为什么直觉思维只对熟悉的问题有效？当决策者面对的是陌生领域的决策选择时，大脑没有以往的经验可供参考，如果决策选择时间非常短，大脑就需要临时处理大量数据，进行超负荷高速运转，就像同时运行多个运算程序时计算机会快速运转、大量发热，很容易引起死机现象。大脑死机后，决策者只能凭借动物的本能进行反应。第一种反应是冻结反应，即待在原地、一动不动地保持静止状态。比如，一只松鼠正抱着一个松果在吃，突然抬头发现一头狼就在面前不远处盯着自己，松鼠不知道怎么办，身体僵硬待在原地，松果也抱不住掉在地上。第二种反应是转身逃跑，逃离危险源越远越好。比如，原铁道部政治宣传部部长、新闻发言人王勇平在2011年浙江温州“7·23动车事故”新闻发布会中，回答记者提问时说“至于你们信不信，我反正信了”，很可能就是由于面对突发紧急状况，大脑死机，出现了逃离现场的本能反应。因而在没有经过认真思考随意回答了一句话,希望尽快逃离现场。如果这时他能够克服本能反应,给自己几秒钟的冷静时间,就会想出更好地解决办法,产生不一样的结果。

当直觉思维结果与逻辑思维结果发生冲突时,要不要相信直觉?比如,面对某个问题,直觉感到某个结果出现的可能性很大,但对问题的理性分析判断现实这个结果出现的可能性很小。如果这个问题是决策者十分关注的问题,请相信你的直觉,很有可能你的直觉是正确的,只是当前对问题的认识有限,无法支持你的直觉判断,你需要做的就是沿着这个结果的方向去继续验证。

20 世纪初,德国地质学家魏格纳在家卧床养病,百无聊赖中他的目光落在墙上的一幅世界地图上。他意外地发现大西洋两岸大陆的海岸线十分吻合,在巴西东端有一个直角突出部分,在非洲西岸恰好有一个凹入大陆的几内亚湾,甚至巴西海岸的每一个突出部分都恰好在非洲西岸有相对应的同样形状的海湾。魏格纳凭直觉大胆猜想,非洲和南美洲原来是连在一起的,后来由于某种原因分开,沿水平方向各奔东西。第二年开始,魏格纳大量搜集资料验证自己的假设。1915 年,魏格纳在《海陆的起源》中指出,古代大陆原来是联合在一起,此后因大陆漂移而分开,分开的大陆之间形成了海洋,这就是大陆漂移假说。

灵感和梦

灵感也是潜思维的一种。灵感更像是顿悟,当决策者被某个问题困住,思考了很长时间仍然找不到解决办法的时候,忽然受到某种信息的刺激,解决办法突然出现的思维过程。灵感的特点是突然出现,没有任何规律可循,突然出现并且稍纵即逝,如果不加留心就会忽视掉灵感的产生。

即使抓住了这个灵感，也不一定能够得到答案，因为灵感带来的信息往往是模糊不清的，并不直接和解决方案相联系，需要决策者的后续思考才能找到答案。

关于如何引发灵感，有许多说法。比如，要坚持长期的思考。灵感不是无缘无故出现的，只有当决策者对所需要决策的问题进行了长期的深入思考，量变产生质变的时候，灵感才会出现。如果爱因斯坦没有对相对论进行长达 10 年的思考，得到最终答案的灵感不会出现。比如，要放松自己。如果你在长期的思考中仍然找不到灵感，可能是由于太过紧张了，抑制了大脑的活跃性。这时可以将问题暂时放下，走出去听听音乐、散散步、看场电影，或是像李白一样喝点酒，兴致高涨时灵感就来了。

梦是显思维和潜思维相互作用的产物。人们在清醒时，主要是显思维在工作。人们在睡梦中，显思维休息，潜思维接替显思维工作，并能够继续白天显思维的思考方向继续思考，从而出现日有所思夜有所梦的现象。因此，运用梦帮助思考的方法就是要带着问题入梦，也许通过一晚的梦的活动，睡前百思不得其解的问题，第二天醒来能够意外地得到解决。主要注意的是，人们对梦的记忆不好，睡醒后很容易忘记梦中的思考结果，建议在床边备好纸和笔，如果在梦中找到了解决问题的答案，睡醒后不要立刻睁开眼睛，闭着眼睛去努力回忆梦中的内容，并在睁眼后第一时间将这个梦记录下来。

第五章　做更好的选择

选择是决策过程中必须要有的重要环节。经常有决策过程在简化相关环节后，只剩下选择和执行两个环节。由于选择的好坏决定了执行的效果，也有人认为做决策就是在选择。

第一节　选择的态度

决策重在选择，选择先看态度。选择的态度就是决策者在对某个决策选择所持有的稳定的心理倾向，这种心理倾向反映了决策者对这个决策问题的主观评价，以及他在决策选择过程中的行为倾向。比如，办公室要购买办公用品，网上购物还是到实体店购买？有的人认为这是个很简单的决策选择，二选一，随意选一个就可以。由于选择的态度很随意，决策的行为也很随意，网上购物或到实体店购买哪种方式都可以。

而有些选择却会令人感到十分困难。比如，某地政府准备建设一条从 A 到 B 的公路，有两种可供选择的决策方案，从 A 直接修到 B，公路里程短，都是平路施工难度小，但涉及需要拆迁的建筑多、拆迁成本高；或者从 A 修到 C，再从 C 修到 B，公路里程长，有山路施工难度增大，可是涉及需要拆迁的建筑少、拆迁成本低。两种决策方案各有优劣，决策者需要在两者之间进行权衡比较，这样的决策选择让人感到了困难。

为什么有时选择很简单、有时选择却很难，是问题本身的原因吗？不是。是决策者对待问题的态度不同。比如，今天天气有点冷，办公室同事问要不要来一杯姜糖水，如何选择？多数人会用轻松的态度来选择，来一杯吧。但那些牙齿有问题、正在减肥中的人，会感到选择困难，因为他们正在用严肃的态度进行选择。对待决策选择时持有的不同态度，决定了选择本身的难易程度。在前一段购买办公用品的例子中，如果你是刚刚上任的办公室主任，想要规范办公用品采购工作，对于购买办公用品是去网上购物还是到实体店购买这个决策选择，持有的态度就不会是随意了。

选择的态度通常取决于以下几个因素。

一是问题出现的频率。如果某个决策问题经常出现，决策者对于决策选择的态度就相对随意，这一次选择第一种决策方案看看效果，下一次选择第二种决策方案再看看效果，第三次选择第三种决策方案再比较一下。重复出现的决策，给了决策者多次选择的机会，即使这次选错了，还有下一次，直到选到了自己认为满意的决策方案。但是对于偶然出现的问题，在决策时就要很谨慎，机会只有一次，选错了就无法弥补了。

二是选择成本的大小。重要的决策问题往往意味着较高的选择成本，决策者在决策时会高度重视，谨慎选择。比如，你家想要购置一辆家用小汽车，选择什么牌子、什么型号甚至什么颜色，都需要仔细思考、认真研究，这时你的选择态度是严肃的。虽然购置汽车的决策是一个可重复性决策，选错了车子卖了还能再买，但高昂的换车成本还是让我们在选择时持有谨慎的态度。

三是决策结果的重要程度。如果某个决策结果会对决策者的工作生活产生较大影响，无论这个决策问题出现的频率高或低、决策选择成本大或小，决策者都会认真对待，谨慎选择。比如，学生在面对每月一次的全班考试时，总是持有谨慎的态度。那些不太复习考试的学生，或者是认为考试内容很简单，轻轻松松就能拿到高分的学生，或者是对于成绩不在乎，考多少都无所谓的学生。

第二节　选择的过程

比较预期的结果

面对多种决策方案，首先是比较结果，选择结果看起来比较好的那个方案。最简单的选择是两个备选方案只在一个方面存在差异。比如，出差入住酒店时，前台问你要南向的房间还是北向的房间，多数人会选择南向的房间，因为南向的房间有阳光，北向的房间没有。日常机关工作中，决策者面对的备选方案通常在多个方面都存在不同且互有优劣。决策者可采用列表法辅助选择。

假设，你准备从北京到上海出差，需乘坐早班飞机，如何选购飞机票。

第一步，找出各种备选方案，并将各方案之间的差异以表格的形式描述出来。

差异项目	方案一	方案二	方案三	方案四
起飞时间	06:30	06:40	06:55	07:15
到达时间	08:50	09:00	09:20	09:30
航空公司	吉祥航空	南方航空	海南航空	中国国航
机　　型	空客中型	空客中型	波音大型	波音中型
票　　价	360 元	370 元	365 元	520 元
出发机场	首都机场 T3	首都机场 T2	首都机场 T1	首都机场 T3
到达机场	虹桥机场	虹桥机场	浦东机场	浦东机场
准 点 率	90%	97%	97%	90%

列表法描述差异时，有两点需要注意。一是差异项目要写全面，不能认为有的差异我十分熟悉，闭着眼睛都能够背下来，就不费事写下来了。经常会遇到的情况是，当思考的内容较多时，大脑会忘掉一些内容，事后回想起来“呀，我忘了考虑这个因素了”。好记性不如烂笔头，全部写出来，有利于做出科学的分析。二是尽量用易懂、实用的描述方式。比如，对飞机机型的描述，描述为波音 737-800，就不如描述为波音中型客机更容易理解，或是在描述距离时，用距离 8 千米来描述，就不如用开车 30 分钟来描述更实用。

第二步，找出限制性因素，去掉明显不符合要求的方案。如果出差的目的地位于浦东机场附近，距离虹桥机场很远，则直接去掉方案一和方案二。删除部分备选方案有助于决策者做出科学选择。

第三步，对差异项目进行重要性排序，并根据差异项目之间的差异是否显著来进行选择。排序结果如下：

差异项目	方案三	方案四	差异显著性
到达时间	09:20	09:30	不明显
票　　价	365 元	520 元	明显
起飞时间	06:55	07:15	不明显
航空公司	海南航空	中国国航	明显
出发机场	首都机场 T1	首都机场 T3	明显
准 点 率	97%	90%	不明显
机　　型	波音大型	波音中型	不明显

选择的结果是，如果决策者最关心价格，则选择方案四。如果价格都在可接受范围内，看是否对承运的航空公司有偏好，喜欢乘坐海南航空的航班，则选择方案三；喜欢乘坐中国国航的航班，则选择方案四。如果决策者对价格、航空公司都没有要求，看是否对出发机场有要求，住所距离

首都机场 T2 航站楼近，就选择方案三；住所距离首都机场 T3 航站楼近，就选择方案四。如果对上述差异项目都没有要求，则根据最重要的差异项目进行选择，选择到达时间较早的方案三。

比较行动的价值

第一，比较行动的成本。决策方案的行动成本包括直接成本和间接机会成本。直接成本是指事物本身的原有价值。比如，家里的灯泡不亮了，如果请物业维修，需要 10 元钱，如果自己修，10 元钱就是你的行动成本。间接机会成本是指因时间、精力、个人需求等因素产生的价值。比如，高三学生去参加高考，走到考场门口发现没带笔，考场门口商店一支笔要 5 元钱，是家门口商店的 2 倍，选择买还是不买？比较直接成本，不应该买；加上间接成本，回到家门口商店的往返时间成本、赶不上考试的心里焦急的成本，应该买。再如，上班路上发现钱包里的 1 元钱掉了，滚到了路边的缝里，你会不会去捡？如果比较预期结果，应该去捡起来，多 1 元钱比没有的结果要好。如果距离上班时间还有两分钟就迟到了，赶时间，从执行的角度看，可能不会选择去捡，不值得因为 1 元钱而冒迟到扣工资的风险。

第二，比较可操作性。可操作性是指执行决策方案的难易程度，优先选择可操作性的决策方案。比如，某单位要加强信息化建设，方案一先开展第一阶段建设，所需经费较少，实施难度小；方案二全面进行建设，一步到位，所需经费较多，实施难度大。如果你是该单位负责人，会选择哪个方案？多数人都会选择可操作性较强的方案一。

第三，比较行动中的风险。任何决策方案在执行的过程中都可能存在风险，要选择行动风险较小的备选方案。比如，某单位准备组织春季登山活动，有两个备选方案，方案一风景好、容易堵车，方案二风景稍逊、一般不堵车。如果你是该单位办公室负责人，会选择哪个方案？从堵车风险的角度考虑，适宜选择风险较小的方案二。再如，到银行缴水费，被告知自动缴费机正在维修，柜台排队人较多需要等1小时左右，你会选择等还是不等？如果缴费意愿迫切，或是今天是缴费日的最后一天，最好选择等待排队，避免出现1小时后再来排队人更多、排队时间更长、银行线路出现问题不能缴费的风险。

第四，比较行动带来的压力。决策方案在执行过程中或执行后都有可能会因出现其他问题而对决策者产生压力，如果存在产生压力的可能性，优先选择压力较小的方案。比如，在拆迁等涉及群众利益的问题上，任何方案都可能会引发一部分人的不满，如果决策方案的风险、成本与可操作性都相似，没有明显差异，选择引发的不满人数越少、可能带来的负面影响越小的方案。

也有的时候，压力反而成为影响决策者最终选择的最重要因素。比如，在斩美案中，皇帝选择偏袒陈世美，并非皇帝不懂得客观公正，而是一旦他选择秉公持法杀了陈世美，皇后与公主会时常到他面前哭诉，此事中负面压力成为皇帝选择的最主要因素。

预判别人的反应

当决策方案中的主要人物不只决策者本身，还存在其他人物时，决策选择时就需要认真考虑他人对决策方案的看法，或是他人在方案实施中可能采取的行动。

第一步，看他人是否受益。如果决策方案的获益对象是他人，在判断预期结果的时候，就不能以决策者自己的想法为依据，而是要从他人的角度出发，站在受益方的立场进行思考。比如，生活中送别人礼物，选择哪种礼物好，不能看我喜欢什么送别人什么；而应该是看收礼物的人喜欢什么,不管这个东西我喜不喜欢,只要他喜欢就是个好的选择。再如,工作中制定某项政策,不能凭决策者的想象去制定政策内容;而要从政策对象的角度去看,是否需要这个政策,政策能否发挥应有的作用。

以能繁母猪饲养补贴政策为例,政策目标是对饲养能繁母猪的养殖场(户)给予补贴,保护母猪生产能力,提高生猪出栏率,稳定生猪生产,保障猪肉市场供应;标准为每头能繁母猪补贴 100 元。从政策制定者角度看,通过一定的资金补贴来带动养殖场(户)饲养能繁母猪的积极性,进而促进生猪生产。从能繁母猪养殖场或养殖大户来看,是否扩大能繁母猪的饲养规模,取决于生猪市场价格,如果市场价格高涨,即使没有补贴也会扩大规模;如果市场价格低迷,即使给了补贴也不会扩大规模。而且每头 100 元的能繁母猪补贴对于每头猪的养殖成本来说,能够起到的激励作用很小,规模养殖场(户)根本不在乎补贴的资金。因此,对于他人受益的决策方案的选择,要从他人的角度判断预期的结果,决策方案执行后才会取得理想效果。

第二步,看是否存在博弈。博弈是指在一定条件下,遵守一定的规则,两个及以上有理性思维的博弈主体,从各自允许选择的行为或策略中进行选择后加以实施,并从中取得各自相应结果或收益的过程。比如,在合作谈判中,双方都会从各自的立场出发,提出有利于己方的决策方案,并根据对方的要求、反应或行动及时对方案进行调整,以谋求最大收益。

如果决策方案中存在多个相关人物,且相互之间存在博弈关系,在进行决策选择时要考虑他人可能采取的行动,以此为依据做出相应的选择。比如,齐国将军田忌经常与齐王赛马,孙膑发现比赛时都将赛马分成上、中、下三等分别出赛,且各等次之间赛马的脚力差不多,于是对田忌说我能让您取胜。孙膑让田忌用下等马与齐王的上等马比赛,用上等马与齐王的中等马比赛,用中等马与齐王的下等马比赛,结果两胜一负赢得了最终胜利。如果齐王不按照预测的方式赛马，田忌赛马的结果就会发生改变。

决策选择中，可以通过决策树的方法来预测对方反应。以卓文君与司马相如的故事为例，卓文君希望与司马相如结婚，卓文君的父亲不同意，这时作为卓文君应该如何选择，是坚持结婚还是放弃？作为卓文君的父亲应该如何选择，是坚持不同意结婚还是妥协？先分析卓文君的选择，有结婚和不结婚两种结果，对她来说结婚收益记为 1，不能结婚收益记为 −1。卓文君做出选择后，卓文君的父亲也要做出相应的选择，他有同意结婚和不同意结婚两种选择结果，对他来说同意卓文君结婚，心中肯定不高兴收益记为 −1，不同意卓文君结婚，没有发生改变收益记为 0。此时卓文君要根据其父的选择结果进行第二次选择，如果卓文君父亲同意其结婚，皆大欢喜；如果卓文君父亲不同意其结婚，卓文君的选择有断绝父女关系坚持结婚和不断绝父女关系不结婚两种结果，对于父女两人来说，断绝父女关系都是损失收益记为 −1，不断绝父女关系，没有发生改变收益记为 0。卓文君的总收益＝结婚收益＋断绝父女关系的收益。卓文君父亲的总收益＝卓文君结婚的收益＋断绝父女关系的收益。具体决策收益见下图：

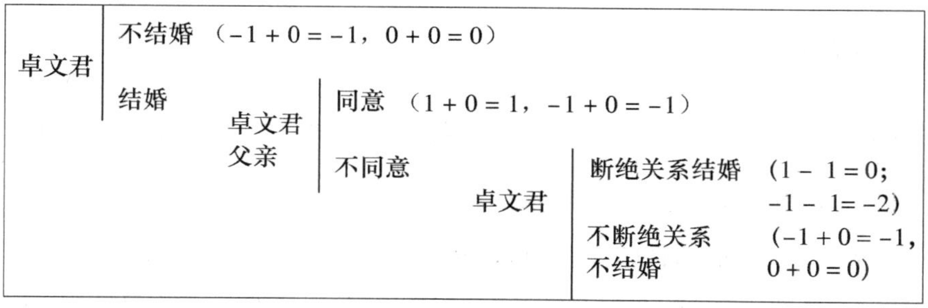

注：收益标注方式为（卓文君的收益，卓文君父亲的收益）

首先看决策树的最末端（最右端），因为最后一个选择是卓文君做出的,此时只需要比较卓文君的收益,可以看出选择断绝关系结婚的收益为1－1＝0,不断绝关系不结婚收益为－1＋0＝－1,此情况下卓文君的选择是断绝关系结婚。接下来比较卓文君父亲的选择收益,选择同意结婚卓父的收益为－1＋0＝－1,卓父选择不同意结婚后卓文君会选择断绝关系结婚,卓父的收益为－1－1＝－2,此情况下卓父会选择损失较少的收益即同意卓文君结婚。最后比较卓文君的最初选择,选择不结婚,卓文君的收益为－1＋0＝－1,选择结婚后卓父会选择同意她结婚,卓文君的收益为1＋0＝1,此情况下卓文君一定会选择结婚。生活中经常看到,当子女一定要做一件事情的时候,尽管父母最初表示反对,但最后一定会妥协,因为选择妥协对父母的损失相对较小,如果父母不选择妥协,父母和子女都会受到更大的损失。

通过决策树分析,能够让决策者清楚地判断各种选择的收益,在博弈双方都能理性思考的情况下,推断出博弈双方每一步最可能的行为举动,并以此为依据在第一次选择的时候做出最好的选择。

第三节　选择的风险

选择存在风险

风险是指决策方案的目标与实施结果之间存在的不确定性,即决策方案实施后出现我们所不希望看到的结果的可能性。从广义上理解,风险的具体表现包括决策成本的不确定和决策收益的不确定。比如,研发新技术,研发成本是不确定的,超出预算的情况经常发生;单位的基建项目,随着工程的推进,也会存在追加预算的情况,这些都是决策成本的不确定。从狭义上理解,风险仅指出现损失的不确定性。比如,购买股票后，股票涨了会从中获利，股票跌了会受到损失，股票不涨不跌则既无获利也无损失，这就是决策收益的不确定。本书中的风险既指成本的不确定性，也指收益的不确定性。

机关工作决策中，预测决策方案的风险是决定最终选择的决定性指标之一。仔细分析任何一个决策方案，其中所涉及的不确定因素都很多，但通常情况下，绝大多数不确定因素对方案的实施结果都不会产生重大的影响，不用去过多关注，决策者需要关注的是那些会对最终结果产生重大影响的不确定因素。

假设你单位正在考虑是否用一套新推出的、功能更强大的办公系统替换现有的、正在使用中的办公系统。如果你是负责领导，在经费允许的情况下，是否要采用新系统？如果使用新系统，预期的结果是进一步简化工作流程、提高工作效率，存在的风险是这套新系统是刚刚推出的，还没有经过用户的检验，使用效果如何谁也不清楚，一旦系统中存在重大缺陷将会严重影响正常的办公，更换新系统的支出成为损失。如果不使用新系统，预期的结果是现有的办公系统已经不适应办公需求，存在的风险是工作流程繁冗、工作效率慢的情况将会越来越突出。在这个决策选择中，存在两种风险：新系统的使用效果不确定的风险，以及由此决定的支出经费成为损失的风险。其中，需要决策者关注的、能够决定选择结果的不确定因素是新系统的使用效果。决策者只需要确认新系统的使用效果，就可以做出最终选择。

然而更多情况下，不确定的成本和结果同时存在，都是决策需要关注的关键因素。假设你单位有临街房对外出租，某商户因某种原因长期拖欠租金 100 万元，经协调，该商户同意在一个月内支付 50%的拖欠租金并交回所租房屋，条件是需要免除其拖欠的另外 50%租金，否则只能走法律程序。你面临的决策选择是是否同意协调后的方案。如果同意该方案，预期结果是能够在一个月内收回50万元租金和出租的房屋，但是会损失另外50万元的租金。如果不同意该方案走法律程序，预期的结果是收回拖欠的租金和出租的房屋，存在的风险是收回租金和房屋的时间不确定、能够收回的租金金额也不确定。

预测决策方案的风险，不仅要找出风险是什么，还要判断出风险有多大。在上面的决策选择中，要进行三个判断。一是要根据商户的实际情况和走法律程序的一般规律，对收回租金和房屋的时间进行大致判断，是3个月、6个月还是1年。二是要对可能收回的租金金额进行大致判断，是100万元、50万元、10万元还是一分钱都收不回来。在对租金金额进行预测时，须遵循数理统计规律，如果收回的租金金额从0～100万元的可能性相同，则收回的租金金额应符合正态分布曲线，收回租金金额的最大可能性是0与100万元的平均数50万元。三是要对因风险而出现的机会成本进行大致判断。走法律程序后，收回房屋的时间一定超过1个月，假定为6个月，多出来的5个月时间即为因风险而出现的机会成本。假定房屋收回后再出租，每月租金为3万元，5个月的房屋出租的机会成本为15万元。同时，聘请律师的花费也是机会成本。此外，在此期间需付出的人力成本、精神压力成本也应计入机会成本。将直接收益扣除直接支出的成本与潜在的机会成本，最终所得才是风险的大小。

避免不良心态

没有完美的决策方案，任何方案都有失败的可能；也没有完美的选择，任何选择都要承担风险。决策者要学习承认风险的普遍存在，用良好的心态去接受风险、应对风险。面对风险时，要避免以下几种心态。

第一，过于追求完美。决策选择中，决策者总是希望能够找到最完美的方案，于是对着几个决策方案比较来比较去，陷入布里丹选择。布里丹选择是指人们在选择时,由于犹豫不决而导致决策失败。据说布里丹有一头驴子,有一天驴子饿得咕咕叫,于是布里丹牵着驴子到野外去吃草。他看到左边的草很茂盛,便牵着驴子往左边走。到了左边,驴子还没来得及吃草,他又觉得右边的草颜色更绿,于是又牵着驴子往右边走。到了右边,还没有松开驴子,他又觉得还是左边的草品种更好,于是又往左边走,到了左边后看看右边,总觉得右边的草好。于是布里丹牵着驴子一会儿往左、一会儿往右,始终拿不定主意,结果驴子被活活饿死在寻找更好的草的路途中。要清醒地认识到,完美的方案是不存在的,每个决策方案都会存在瑕疵,如果过分追求完美的决策选择,可能解决问题的时限已经过去了,还没有选出完美的方案,要学会在几个不完美的备选方案中选出一个相对较好的决策方案。

第二,很难保持理性。当面对收益类决策选择时,决策者都能够认真分析收益的大小,做到理性思考;但是当面对损失类决策选择时,经常很难做到科学分析、理性思考。在卓文君与司马相如的例子中,如果卓文君和卓父都能够理性思考,最好的决策选择就是卓父妥协、同意卓文君结婚,这样的选择中两个人的损失都能够降低到最小。然而现实生活中,决策者在面对损失时,很难能够较好地控制自己的情绪,经常会想既然我有损失、你也不能只获益,从而做出两败俱伤的选择。实际生活中,卓父就是这样想的,也是这样做的,他不同意卓文君与司马相如结婚,卓文君只好私奔,并因生活窘迫,亲自当垆卖酒。消息传到卓父耳中后,卓父感到之前选择的损失太大了,重新开始理性思考并做出了新决策选择,他同意了卓文君与司马相如的婚姻,并将新婿、爱女接回临邛。

第三,忽视小概率结果。决策者在预测博弈对方的行为时,往往会用最大可能的结果作为预测结果,通常来说这样的做法没有什么问题。然而当决策问题是安全问题、是社会稳定问题、是群众高度关注的热点问题时，要充分估计对方的各种可能行为，不要忽视小概率结果，不要只做乐观预测。

风险承受能力

风险和收益是成正比的，高风险会带来高收益，低风险只能带来低收益，通常决策者愿意承担一定的风险以谋求更大的收益，但是不愿意为了收益而承担太大的风险。在对待风险的时候，选择规避风险还是偏爱风险，取决于决策者承受风险的能力，愿意为了获得某项收益而担多大的风险。

风险的承受能力与一些因素有关：一是决策者对结果的期望程度。通常来说，对结果的期望越高，越是期望这个结果的出现，决策者越愿意去承受更大的风险。比如，某个体重 80 千克的明星接到了一个体重 60 千克的角色，他非常想扮演好这个角色，减肥的意愿非常强烈，愿意采取一切办法去减肥。同办公室的小王也想减肥，但减肥意愿不强烈，总是 3 分钟热度，不愿意为了减肥而承受长期节食、定期运动的压力。

二是决策者所处的组织环境。对于业务相对稳定的组织来说，风险的承受能力较低，较少做出高风险的决定。比如，机关和事业单位以稳定为主，创新性行为较少。对于刚起步的组织、处于转型期的组织而言，更看重高风险带来的高收益，风险的承受能力较高，容易接受高风险的决策。比如，各种创业公司总是在不断创新，不断挑战风险。如果组织中老同志较多，则偏于保守，风险承受能力较低。老同志习惯于根据过去的经验办事，总是担心风险会带来不确定的变化，变化会导致一定的损失，因而从心底里抵制变化，抵制风险。如果组织中年轻人较多，则偏于冒险，风险承受能力较高。因为风险会带来机遇，年轻人总是希望能够快速成长，他们欢迎风险，渴望变化。

三是预期的决策结果。预期的结果趋好，决策者就容易接受风险；预期的结果不好，决策者往往偏向不冒风险。预期的好结果出现的概率越大，决策者的风险承受能力就越大。比如，同样中奖率下，总奖金100万元的彩票比总奖金10万元的彩票更有吸引力，彩民更愿意为了100万元的彩票承担风险；同样奖金，中奖率高的彩票比中奖率低的彩票更有吸引力，彩民更愿意为了中奖率高的彩票承担风险。

通常预期的决策结果都一个大概率事件。与此同时，任何决策方案也都会要一个小概率事件，即发生的概率非常小，在统计学上可以忽略不计的结果事件。对于决策者来说，在考虑风险承受能力时，也要考虑小概率的决策结果，如果承担不起预期外的坏结果，请不要选择这个决策方案。以闯红灯为例，如果承担不起可能因闯红灯导致的扣分、罚款、出现交通事故等小概率的决策结果，就不要羡慕其他人闯红灯的成功案例，在红绿灯面前始终遵守交通法规。

第四节　评价的标准

如何判断某一个选择是个好的选择还是不好的选择，需要决策者了解决策方案的评价标准。如果决策结果符合评价标准，决策者就会认为这是一个好选择，并做出倾向性选择；如果决策结果不符合评价标准，决策者就会认为这是一个不好的选择。因此，当面对A与B两个决策方案时，决定选择哪一个，首先看采取什么样的决策评价标准。

目前采用最多的是用结果来进行评价，方案实施后出现预期的好结果，就认为这个决策是对的；方案实施后没有出现预期的好结果，就认为这个决策是错误的。采用结果作为评价标准，方法简单，结果客观，易操作，好比较。因此，决策者在做决策选择时，往往会将最大可能出现的预测结果作为选择的依据，选择两个方案中结果最好的那个方案。

同时也要认识到，任何结果的出现都是概率事件，都存在一定的偶然性，只要关键的不确定因素存在，就不能说某个决策方案一定会产生某个结果。比如，你要从北京到上海开会，综合考虑了行程时间、近期的天气情况、航班的正点率等多种因素，选择乘坐飞机而没有坐火车，并购买了早上 7 点的航班。不幸的是，当天北京突降大雨，大部分航班都取消了，结果耽误了开会。

请问上面的选择是个错误的决策选择吗？从决策结果来看，这是个错误的决策选择；如果换一种决策评价标准，从选择的过程来看，这个决策选择是对的，只是结果不理想。用过程来进行评价是评价决策的第二种评价标准，只要选择的过程是科学的就是一个好的选择，即使因为小概率事件影响了决策的结果，也要承认这个选择的正确性。而如果选择的过程是不科学的，即使出现了好的决策结果，这个选择也是错误的选择。以选择闯红灯为例，从决策结果来看，只要没有被拍到、没有出现交通事故，与不闯红灯相比能够节省时间，能够认为是个好的选择；从决策过程来看，选择闯红灯是违反交通法规的，无论结果如何，都是个错误的选择。

第六章 影响选择的因素

第一节 选择中的陷阱

沉没成本陷阱

沉没成本是指在过去的决策中，已经支出了的、不能回收的时间、金钱、精力等成本，这个成本会对现在的决策产生重要影响。通常，决策者在对某件事情进行决策的时候，不仅要看这件事情的直接成本与间接成本，还要看过去在这件事情上是否投入了成本。比如，家长想让孩子学一门特长，报了一个钢琴学习班，孩子学了一周后感到对学钢琴不感兴趣，想改学小提琴。如果你是这位家长，是否会继续让孩子学下去？这时多数家长都会遵从孩子的意愿，不再继续学钢琴。假如家长为了让孩子能够更好地学习钢琴，花钱买了一架钢琴，当孩子学了一周后说对学钢琴不感兴趣，想改学小提琴。如果你是这位家长，是否会继续让孩子学下去？这时买钢琴的成本就是沉没成本，面对沉没成本，多数家长都会犹豫，最后选择让孩子继续学钢琴。其实，让孩子继续学钢琴还是改学小提琴是个简单的选择，可当沉没成本发生的时候，就会因为对沉没成本的不舍，而坚持原来的选择。

为什么决策者容易受到沉没成本的影响？因为每个人都不愿意承认自己过去的决策是错误的。机关工作中，如果某人中途叫停一个已经公布的政策，就等于公开承认这个政策是存在较大问题的，过去的决策是错误的。为了避免公开承认失误，他们会继续执行过去的决策，直至很长一段时候后，这个问题被淡忘。而且，一旦个人承认在工作中犯了错误，组织就会针对这件事件进行追究。为了避免被追究，个人也不会承认之前的错误，甚至会幻想万一有一天出现奇迹，使这个错误的决策变为正确的呢。

沉没成本就像“越补越大的窟窿”。面对这个补不了的窟窿，沃伦·巴菲特指出，“当你发现自己陷入坑中的时候，最重要的一件事就是不要再挖了”。当决策者发现过去的决策是个错误的决策时，最好尽快叫停，不要为了挽回无法挽回的沉没成本，而错上加错。比如，我和朋友去看电影，开演 20 分钟后，发现我们都不是喜欢这部电影，可还是继续着坚持把电影看完了。我们认为如果不强迫自己看完这部电影，提前退场有亏本的感觉，于是强迫自己待在电影院里两个小时，浪费了整个下午。实际上，如果我们在电影放映中途退场离开，叫停错误决策后释放的时间、经费和精力，能够让我们去做其他的事情，我们可能有时间去看另一场喜欢的电影，渡过一个愉快的下午。

心理账户陷阱

心理账户是人们在心里无意识地把金钱划归不同的账户进行管理，对于不同的心理账户，会有不同的消费方式和消费原则，并做出许多非理性的消费行为。比如，你每月工资只有四项基本支出，水电费支出、购买食物支出、娱乐支出和储蓄支出，各项支出预算均为 1 000 元。心理账户效应会让我们感到，各项支出是彼此独立，不应该混用的，一旦需要混用，各支出项目被混用的级别不同。比如，某月你准备去听演唱会，娱乐支出预算需要 1 500 元，面临的问题是超出的 500 元意外支出从哪里来？许多人会选择先省吃俭用，从购买食物支出中节省。如果不够，则节省水电费。如果还不够，有的人会选择少存一些钱，节省储蓄支出.而有些坚持储蓄支出不能被混用的人，会选择不如不去看演唱会了。

心理账户效应在社会实践中很常见。比如，逢年过节时，各商家都会开展各种各样的促销活动。为什么？因为逢年过节期间，单位都发年终奖或过节费之类的额外收入，这些钱在来源、名称、到账时间、到账方式等方面会与工资不同，你会因此将这些额外收入放入与工资不同的消费账户，采取不同的消费态度。普遍情况是，用工资消费，你会多次比较、谨慎消费，而用额外收入消费，你会容易冲动、不理性消费。特别是对于通过彩票、中奖等方式获得的额外收入，就像一笔意外之财，刺激你用不花完就不放心的心态去消费。其实，仔细想一想，无论是工资收入，还是额外收入，都是自己的合法收入，在消费中不应该被区别对待。

政府在制定刺激消费政策时，也会利用心理账户效应。比如，某政府希望通过减少税收的方式让老百姓有钱、多多消费，有两种决策方案，一种方案是直接降低税率 5%，另一种方案是不降低税率、一段时间后退税 5%。从经济学上分析，减税 5%和退税 5%取得的结果是一样的，但在刺激消费上的效果却大不相同。消费者会觉得减税后少收的那部分税金是自己本来应得的，是属于工资的一部分，消费的动力不足；可退税方案中退还的税金对我们来说就像是大风刮来的，消费的欲望强烈。因此，该政府应该采取退税的方式以期达到的刺激消费的作用。

在新闻宣传中，也会应用心理账户效应。假设，你要公布几个消息，有好消息，有坏消息，应该如何公布？如果你有几个好消息要公布，建议分成几次公布。比如，今天发奖金，多发了1 000元，而今天买的彩票又中了1 000元，应该把这两个好消息分两天告诉你的家人。因为根据获得消息的时间不同，家人会将这些消息存入不同的心理账户，他们的心理感受与得到消息的次数成正比，所以好消息分两次公布能够让家人高兴两次，比一次公布两个好消息带给家人的快乐感要强烈。如果你有几个坏消息要公布，建议一次性告诉别人。比如，你今天走霉运，上午丢了1 000元现金，下午丢了价值1 000元的手机，你应该把这两个坏消息一次性告诉你的家人。因为两个坏消息同时公布只带来一次痛苦，而两个坏消息分别公布会让人痛苦两次，即一起损失会降低痛苦的感受，如果是一个大大的好消息和一个小小的坏消息，建议把这两个消息一起告诉别人。这样好消息所带来的快乐感，会冲淡坏消息带来的痛苦感。如果是一个大大的坏消息和一个小小的好消息，建议分开公布。只有这样，好消息带来的快乐感才不会被坏消息带来的痛苦感所淹没，你的家人还是能够感受到好消息带来的快乐。

框架效应陷阱

框架效应是指决策者的思维会受到不同表达方式的影响，从而做出不一样的选择。比如，你去一家小吃店买馄饨，店主问“几碗馄饨”，“一碗”，店主又问“加几个鸡蛋，一个还是两个”，你下意识地回答“一个”。其实你根本不想加鸡蛋，由于框架效应的影响，让你的思维陷入了加几个鸡蛋的框架，忘了还有不加鸡蛋的选择。如果店主的提问是“要不要加鸡蛋，加几个”，你肯定会回答“不要加鸡蛋”。

框架的形成与决策者观察事物的角度有关。对于同一种现象，由于采用了不同的视角，形成不同的判断，导致得出截然相反的结论。其中，有一种表述方式特别容易误导决策，无论是从收益角度观察，还是从损失的角度观察。框架效应的经典案例是亚洲疾病问题。亚洲正准备对付一种罕见的疾病，预计该疾病的发作将导致600人死亡。现有两种与疾病作斗争的方案可供选择。情景一：如果采用A方案，200人将生还。如果采用B方案，有1/3的机会600人将生还，而有2/3的机会无人将生还。对情景一，大多数人选择了方案A。情景二：如果采用C方案，400人将死去。如果采用D方案，有1/3的机会无人将死去，而有2/3的机会600人将死去。对情景二，大多数人选择了方案D。实际上，A方案和C方案是一样的，B方案和D方案是一样的，只是改变了一下描述方式而已。正是由于这小小的语言形式的改变，使得决策者的认知参照点发生了改变，在情景一把被救活作为参照点，处于"收益"心态；在情景二把死亡作为参照点，处于"损失"心态。不同的参照点改变了我们对待风险的态度，收益心态时，会选择保有收益，规避风险；损失心态时，倾向于冒一次险，搏一次未来。

框架的形成与决策者的已有经验有关。经验能够帮助人们快速地理解所遇到的情况和问题，也给决策者从新的角度去理解事物造成了障碍。在社会交往中，人们也总是用惯用的思维模式去看问题、想事情。

有个吝啬鬼不小心掉进河里，好心人趴在岸边喊道"快把手给我，我把你拉上来！"吝啬鬼就是不肯伸出自己的手。好心人开始很纳闷，后来突然醒悟，就冲着快要下沉的吝啬鬼大喊"我把手给你，你快抓住我！"吝啬鬼一下就抓住了这个好心人的手。

面对框架，要尝试着从新的角度去观察，问问自己如果改变了一个描述方式，你的选择是否会随之改变。特别是在人际沟通中，要注意表达方式，用对方的思维框架去交流。

沉锚效应陷阱

很多人都有类似的经验，大脑在做出选择时，总是会受到先入为主的思想的影响，对第一次出现信息给予高度的重视，第一印象就像是沉入海底的锚一样，把决策者的思维固定在了某一处。马云就曾在一次采访中说，我犯了一个错误，我告诉我的18位共同创业同仁，他们只能做小组经理，而所有的副总裁都得从外面聘请。现在10年过去了，我从外面聘请的人才都走了，而我之前曾怀疑过其能力的人都成了副总裁或董事。

沉锚效应是一种心理现象。当决策者开始认识某一新鲜事物时，进入大脑的第一信息留下的印象最强，即使后面又陆续有其他相关信息进入，但都没有第一信息深刻。当大脑进行思维活动需要调用该事物的相关信息时，第一信息总是会优先出现，无论这个信息是否能够全面真实地反映客观事实，它已经给这个事物贴上了很难摘掉的标签。

第一印象是沉锚效应的主要表现形式。一位心理学家让两名学生同时去做一套试卷，这套试卷共30道试题，每名学生都只需要做15道试题即可。他要求甲学生尽可能地做对前15道题，而要求乙学生尽可能地做对后15道题，然后让人根据答题情况对甲乙两名学生的学习情况做出评价，结果大多数人认为甲学生比乙学生优秀。第一印象在求职面试中也同样发挥着重要作用，我们都知道在面试时要注意仪态仪表，就是为了给面试考官一个好的第一印象。

沉锚效应的另一种表现形式是先入为主。先入为主与第一印象相同，先入为主是指决策者先接受了一种说法或思想后，就认为这种说法或思想是正确的，之后就不容易接受其他的说法或思想了。比如，一位领导向几个部门的人介绍同一位新员工，他对第一部门的人说：新员工工作很积极；对第二个部门的人说：新员工工作不积极，你们要注意；对第三个部门的人说:新员工总的来说工作积极,但有时不积极;对第四个部门的人说:新员工工作不太积极,但有时也积极。一个月后,抽问四个部门的人员,他们给出的答案几乎与当初介绍的一模一样。

选择时要多角度来看问题,不要一味地依赖决策者的第一个印象。可以多听听其他人的看法,打开自己的思维视角。

有利证据陷阱

当人们想做一个选择,但又犹豫不决时,人们往往会寻求他人的帮助,征求那些过来人的意见建议。这时别人的一次成功或失败的经历,都可能成为影响决策者做决策的有利证据。如果征求意见的人中成功的案例较多,决策者就容易做出"去做"的决策;如果征求意见的人中失败的案例较多,决策者就容易做出"不去做"的决策。这就是有利证据在决策中的影响。

很多时候,决策者在征求他人意见建议之前,已经有了一个决策倾向,征求意见只是为了获得更多的支持,将他人的案例作为有利证据,来支持自己想要做的决策。而且为了获得更多有利证据,决策者在寻找征求对象时,会无意识地选择那些能够支持自己的人。比如,你想要换个工作岗位,征求意见时会更多地去询问那些成功换了工作、并在新岗位上取得更大成绩的人。他会列举一大堆的理由,证明换个工作岗位是对的。为了寻求有利证据,你会下意识地避免去征求转岗失败的人的意见,避免听到不想听的信息。

有利证据陷阱很难避免。人是感性动物,具有很强的自尊心和荣誉感。当人们做出一个决策时,总是希望这个决策是科学的、合理的,并能够得到大多数人认可的。如果有人提出了一些不利证据,决策者会感到自尊心和荣誉感受到了伤害,而不愿意去听那些不希望听的话。比如,

《红楼梦》中史湘云和薛宝钗劝贾宝玉做官，贾宝玉大为反感，说“林姑娘从来没有说过这些混账话！要是她说这些混账话，我早和她分了”。因为林黛玉从来不向贾宝玉提出要做官的不利证据，贾宝玉喜欢和林黛玉交流；而史湘云和薛宝钗经常提出贾宝玉不想听的不利证据，贾宝玉抵触与史湘云或薛宝钗交流做官问题。

避免有利证据陷阱，就要努力克服只接受“有利证据”的倾向。征求意见时，除了征求有利证据外，还要刻意去征求一些不利的证据。特别是在机关工作中，如果你处在领导岗位上，要注意下属是否在用有利证据来讨好你，要找一个能够提出不同意见的人来提出不利的证据。

王珪是唐初四大名相，此人性情沉静恬淡，为人正直，安于所遇，与人交往不苟且附和。《新唐书》记载，一天，王珪进见，看到“有美人侍帝侧”。李世民指着美人说：“庐江王李瑗不行道义，杀其丈夫而纳其为妾，怎会不灭亡？”王珪赶紧起身回答：“陛下，您认为庐江王做得对，还是不对呢？”李世民说：“杀了人，却纳那人之妻，竟然还问我是对是错，为什么？”王珪接着又说：“如今，陛下知道庐江王灭亡的原因，他的美姬却在你的身边，我看陛下认为这样做是对的。”李世民听后，发出一声叹息，认为王珪所言极是。

第二节　选择中的情感

冲动性选择

我们都知道，决策选择是由大脑做出的，可是你知道大脑在决策选择中也有一定的倾向性吗？比如，因为体重原因你计划节食一周，已经成功节食3天，在第4天下班回家的路上，路过面包店，闻到飘出来的烘烤面包的香气，你站住了，这时你的大脑中在进行激烈的辩论，要不要买一个面包。一个声音告诉你，不要买面包，这会影响你的节食计划，你已经进行了3天了，不能半途而废；另一个声音告诉你，你已经3天没吃东西了，节食取得了阶段性成功，就买一个小面包奖励一下自己，热量很小，对整个节食计划没有影响。许多人最终选择走进面包店买一块面包，而此后的节食计划则就此中止。

为什么人们难以抗拒一个面包的诱惑？在这个决策选择中，买面包能够带来快乐、让我感到满足，不买面包让我感到沮丧、感到不高兴，在短期的决策选择中，大脑的选择偏好是能够让人感到快乐的决策方案。许多冲动性决策选择，如在商场打折时的大采购、为了满额减免而努力凑单等行为，都是由于大脑的选择偏好导致的。而当决策问题是一项长期行为时，大脑的选择倾向就由偏好快乐变为避免损失。当股市行情不好、持有的股票连续下跌的时候，股票持有者总是不愿意割肉抛掉这些股票、收回资金再进行投资，因为在做长期决策选择时，大脑会非常重视损失，总是倾向于选择避免损失的决策方案，受大脑选择倾向的影响，多数情况下他们都会选择继续持有股票。

大脑的选择倾向与性别也有关系。在面对短期决策选择时，女性更容易冲动；在面对长期决策选择时，男性更容易坚持。有研究认为，女性在思考问题时，更关注当前的感受，重视短期的当下多于重视长期的未来，因此大脑的选择倾向是偏好快乐；男性在思考问题时，往往有明确的目标，更关注长期的未来，因此大脑的选择倾向是避免损失。

选择的痛苦

在决策选择中，你是否感到过选择带来的痛苦感？因为选择意味着要舍弃，让决策者感到痛苦的根源就在于必须投入一定的成本、必须舍弃一种可能的结果。实际上，选择的难是情感上难以舍弃的难，选择的痛苦是付出有可能得不到相应回报的痛苦。

选择的痛苦与决策成本有关。如果选择的成本与预期收益成正比，决策者就不会有痛苦的感觉；如果选择的成本明显大于预期收益，决策者就会感到痛苦。比如，小王后天要到某地去开会，这就意味着他要投入一两天的时间，要投入到达这个地点的差旅支出，要投入精力去准备会议要求提交的材料，这些是选择开会的成本。现实生活中，每个人的时间和精力都是有限的，每个单位能够支配的资源也是有限的，在成本有限的情况下，人们希望能够利用好有限资源，获得更好的预期结果。如果这次会议不是小王主动要求去参加的，而是被动地被领导安排去的，他就会认为这些直接的成本投入不可能带来相应的预期收益，这就是痛苦的来源。

选择的痛苦也与机会成本有关。机会成本意味着放弃，每个人都厌恶放弃带来的损失。仍以参加会议为例，从机会成本的角度分析选择的代价。假设小王决定花一两天时间到外地开会，就意味着他要舍弃这段时间内可能出现的其他机会，或是舍弃利用这段时间完成其他工作的机会，特别是当这段时间正处于关键时期，某项重要工作可能会在这段时间启动或某个重要问题会在这段时间做出最终决定时，也许舍弃的这个机会将在之后的工作产生一系列的影响。同时，也有可能这段时间不会产生任何机会，到外地开会就是最重要的事情。因此，在预期结果不十分明确的情况下，当决策者对事情没有把握的时候，任何决策选择都会让他们感到痛苦。

后悔的选择

后悔也是选择可能引发一种情感。后悔通常发生在决策方案执行后，由于实际结果与预期结果出现明显差异所引发的心理情感。如果实际结果明显不如预期效果，决策者会感到自己当初的决策选择不好，如果选择另一个备选方案就好了。比如，在中间车道开车的司机，预测内侧车道会更快一些，于是并线到内侧车道，然后发现还是原来的中间车道快，就会因为并线的错误选择而感到后悔。当然，如果实际结果与预期相一致，决策者就会有愉悦的心情。

后悔的产生与选择作为或不作为没有任何关系，只与决策方案的预判结果是否正确有关。比如，在股票投资中，如果股票投资者没有及时买入自己看好的股票，一个月后，这只股票大涨，投资者就会对之前没有买入的选择感到后悔；如果投资者过早地卖出某只股票，之后的一个月这只股票不断上涨，投资者即使在该股票上挣了钱，也会因为过早地卖出的选择感到后悔；如果现在持有的股票不涨不跌，而别人推荐的股票不断上涨，投资者会因为没有听从别人的劝告、没有及时换股而后悔。可见，即使选择不作为、不买入也不卖出股票，当对股票的预判失误的时候，同样会感到后悔。

但是，作为与不作为产生的后悔情绪的程度不同。假设有两位股民，股民甲持有 A 股票，某天他将 A 股票换成了 B 股票，之后发现 A 股票大幅上涨，如果当初他继续持有 A 股票就能赚 1 200 元；股民乙持有 B 股票，曾经打算换成 A 股票，但是没有采取行动，如果当初换股就能赚 1 200 元。两位股民都因为预期失误损失了可能赚到的 1 200 元，并产生了后悔情绪。你认为股民甲和股民乙谁感到更后悔？调查表明，绝大多数人都认为股民甲会更后悔。通常情况下，不作为是正常状态，不需要付出额外成本，而作为需要打破常态、付出努力和成本，当我们作为了却没有产生预期结果的时候，会引发更为强烈的后悔情绪。

人们在决策选择中更倾向于维持现状，做出不作为的决策选择，就是为了避免后悔或是为了避免产生更强烈的后悔。比如,人们在购物时倾向于选择之前选择过的同一种产品、同一个品牌、同一家商店,即使有新的选择出现,考虑到选择新产品而产生的后悔情绪会比选择老产品而产生的后悔程度更大,为了避免更大程度的后悔,往往做出不改变、不作为的选择,所以认准了一家商店后顾客很少再去选择不熟悉的新店。

心情与选择

心情的好坏也会影响决策选择。一般当人们的心情好时,对事物发展的预测就会偏向好的一方面;而当人们的心情低落的时候,对事物发展的预测就会悲观一些。在机关工作决策中,要注意关注相关参与者的心情,特别是起决定性作用的领导的心情,根据他人的情绪做出不同的选择。

小孩子对人的情绪最敏感的,当家里的小孩想要向你提出某个条件的时候,他会观察你的情绪,选择你的心情最好的时刻向你提要求,多数情况下都能够得到同意;当你心情不好的时候,家里的小孩子通常都很老实听话,他害怕你的坏心情会放大你对他的负面印象,可能一点点小问题都会被放大成为严重的大问题,从而做出对小孩子进行严厉惩罚的决策选择。

为什么心情好的时候,人们更容易做出让人满意的决策选择;心情不好的时候,人们经常会做出不明智的、糟糕的决策选择?心情好的时候,人的工作状态是积极的。此时,大脑处理信息的速度快,思维反应灵敏,学习效率高,能够主动学习解决问题所需要的新知识;能够接受不同的观点和意见,不抵制不利于预期结果的证据;创新思维处于打开状态,能够提出新想法、新思路。心情不好的时候,人的工作状态是消极的。此时,大脑处理信息的速度慢,思维反应迟钝;学习效率低,很难去学习解决问题所需要的新知识;不愿意听到不同的观点和意见,从内心抵制不利于预期结果的证据;创新思维处于关闭状态,固执于已经形成的想法和思路,不接受创新。

在心情不好的情况下,决策者也很难做出让人满意的选择。出现心情不好的时刻,经常是遇到了计划外的突发事件,或是某个事件的发展超出了预期等。对于突然出现的陌生状况,大脑需要紧急处理大量信息,身体中的血液等能量会优先供应大脑,肠胃等其他器官就会因能量不足而产生不良反应,就会产生身体不舒服的感觉。如果在突发陌生领域的决策选择中引起了大脑死机,决策者会有头疼的感觉。

因此,当作出重大决策选择时,请仔细察觉自己的情绪,努力保持积极的良好心情,让情绪对决策选择的影响降到最小。控制自己的情绪,时刻处于平和的心态下,也有利于我们的身心健康和事业发展。

第七章　决策中的领导

在机关工作决策中，领导扮演着重要角色，发挥了重要作用。他们是重大决策的制定者和监督者，领导的决策能力和水平往往决定了所在单位的事业发展。作为领导者，要充分认识自己在决策中的地位，努力做出更多更高质量的决策。

第一节　领导的决策角色

领导者要充分了解自己所要扮演的角色类型，并根据角色特点和要求做好相关工作。

发起决策

在一个组织机构中，领导的首要职责是预测事业发展趋势，制定组织发展目标，提出组织发展战略，因此绝大多数关于组织发展的决策都是由领导倡导并发起的。作为组织决策的发起者、组织者，领导也当然是决策结果的接受者，如果决策结果没有沿着预期的方向发展或是引发了不良影响，这些结果都要由决策发起者承担并负责。一般干部在决策中只是对发展方向提出意见建议、提供相关决策信息并按要求组织实施，并不具备发起组织发展决策的条件，也不应承担决策成败的相关责任。

把握方向

在决策筹备、制定及实施中，领导要积极与相关人员进行沟通，阐明发起决策的目的及组织需求，围绕组织发展目标形成战略计划并提供指导，从而确保整个决策过程始终沿着预期的方向进行。实践工作中，参与决策的人越多，越容易出现偏离预期方向的情况；参与决策的人越多，与预期方向偏离的程度越大。这时越需要领导时刻关注决策的行进方向，加强与决策参与者的交流，形成统一的观点，保证决策过程不会偏离预期。

协调资源

资源是决策的基础，任何决策及决策实施中都需要必备的资金、人员、技术保障等的资源支持。领导在决策中的很重要职责就是协调资源，保证决策的顺利实施。通常一个组织所占有的资源都是有限的，为某个决策协调更多的资源，就意味着要减少其他决策能够获得的资源，这是件不容易的事情。领导者需要从总体上调配资源，不能为了一项决策而搁置其他工作；还要向大家展示这个决策的重要意义，争取大家对该决策的支持。

修正方案

领导是决策的发起者、组织者，但不一定是决策方案的具体制定者。如果任何决策都要领导亲力亲为，则会使领导陷于具体工作中而没有时间思考组织的发展，同时也难以发挥出组织中其他成员的积极作用。决策方案制定过程中，领导只需要在初期阶段提出明确要求，在后期阶段对提交的决策方案提出调整意见，使决策方案更加符合实际、更加完善。

监督执行

领导不应是决策方案的具体制定者，领导也不应是决策方案的具体实施者。在决策执行中，领导应扮演监督者的角色，定期或不定期检查决策的执行进度，监督相关人员的工作完成情况，甚至必要时组织召开协调会或通报会促进决策方案的持续推进。

第二节　领导决策的方式

常见决策方式

常见的领导决策方式有一把手拍板和集体决策两种。

一把手拍板是指领导在决策参与者中具有很高的权威，对决策过程具有较大的控制力，能够单独决定决策目标的确定和决策方案的制定，并获得决策参与者的支持。这种决策方式的优点是能够快速达成一致，集中力量办大事；缺点是没有充分征求决策参与者的意见建议，决策方案可能存在考虑不周的地方，决策相关者对决策的理解认识不够。

集体决策是一种民主式的决策方式。集体决策的决策方案是经过领导与决策参与者的充分讨论、集思广益形成的，在充分听取了不同的意见和建议的基础上形成决策方案，由集体表决通过。集体决策的优点是决策方案体现了全体决策参与者的集体智慧，能够得到决策相关者的理解；缺点是对于某些存在分歧的问题，很难在短时间内达成共识，需要领导与决策参与者之间多次沟通、妥协才能取得一致意见，决策过程耗时较长，会出现错失良机的情况。

选择决策方式

如果你是单位领导，在机关工作决策中要采取哪种决策方式，一把手拍板还是集体决策？不同领导的习惯不同。比如，有的领导性格强硬、业务能力强、年富力强，喜欢采用一把手拍板的方式进行决策；有的领导性格平和、年龄偏大、业务发展欲望不强，喜欢采用集体决策的方式进行决策。

面对不同的决策问题，领导的决策风格也不同。比如，对于领导岗位职责中明确规定的事项，像是业务发展问题、单位安全问题、党组织建设问题等，许多领导会坚持领导个人负责制，采用一把手拍板的决策方式。虽然领导会通过民主讨论的方法征求相关人员的意见建议，但决策方案的最终选择是由领导个人做出，与决策参与者无关。对于没有明确规定职责范围的新情况新问题，许多领导会采用集体决策的方式。

实际工作中，对于新情况新问题，像一些热点、敏感问题，采用集体决策的方式更有利于问题的解决。一方面，集体决策的方式能够发挥集体的力量，广泛吸收干部及群众的意见建议，决策方案更全面，决策过程更公开，决策结果更容易被接受；另一方面，新情况新问题往往代表着新的机遇和更大的风险，如果决策失败，失败的责任由所有决策参与者共同承担，任何一名决策参与者都不用单独对最终的决策结果负责。采用集体决策的方式，能够在一定程度上分散决策风险，减小一把手在重大问题决策中的压力。

第三节 集体决策的组织

集体决策的特点

集体决策的优点很多。比如，能够让相关参与者都参与到决策过程中，提高决策参与者的积极性，发挥集体的智慧力量，想到更多的解决办法，提出单个决策者难以想到的决策方案。

一家牙膏厂产品滞销，连续亏损，厂长看着仓库里积压的牙膏心急如焚，却想不出办法解决燃眉之急。厂里已经几个月发不出工资，工人们眼巴巴地等着盼着，再拖延下去大家非得饿死不可。厂长召集厂管理层开会，大家看着积压的产品束手无策。第二天，厂里召开全体职工大会，决定谁要是能想出好办法解决滞销问题，奖励1万元！于是大家纷纷献计献策，办法不断汇集到厂长的案头。

厂长一个一个看过之后，摇头不满。最后一个工人提出了一个不同的想法，把牙膏口端做大些，这样人们在每次挤牙膏的时候比以前挤出来的就多些，牙膏的使用期比原来短了许多，这样不知不觉每年消耗的牙膏比原来多出好几倍！牙膏的销售量一定会提上去的。工厂采纳了这个工人的建议，该厂的牙膏销量有了明显提升。

集体做出的决策能够代表大多数决策参与者的意见，通过思想的碰撞和深入地沟通，能够使决策参与者统一思想和认识、准确把握决策意图，在决策方案被执行的时候能够更加顺利和高效。

集体决策的不足是难以操作，在实际工作中，进行集体决策是一件耗时耗力的事，有时集体讨论了一天、两天、三天，出现讨论偏离决策主题的情况，提出的意见建议质量不高或是没有本质性差别的情况，相关讨论者参与的热情不高的情况等等。花费了大量时间却得不到想要的答案。

集体决策的要求

集体决策难以组织开展，主要原因是集体决策对于集体讨论环节的要求很高。

第一，要选好主持人。集体决策时，要有一位威望高、能够压得住场的主持人，才能在讨论的话题跑偏的时候把讨论拉回主题。如果主持人的威望不够、对现场的掌控能力不强，当讨论人员因为某个无关紧要的小问题而展开讨论时不能及时打断，任由这个话题持续下去，就会占用大量的决策时间。主持人要对参与讨论的人员有所熟悉，了解每个人的专业和特长，当出现冷场的情况时，能够找到抛砖引玉的人，在讨论重点问题时，能够鼓动大家积极发言。主持人还要具有一定的与讨论主题相关的业务知识背景，具有较强的归纳总结能力，能够统一集体讨论的意见，形成决策建议。

第二，要设计讨论的规则。比如，预先设计好集体讨论的方法方式和发言顺序，避免让主要领导或权威专家先发言。在权威定式的影响下，一旦主要领导或专家提出了一个观点或意见，其他人就不愿意去表达不同的观点或意见。如果有人提出的某个观点得到了多数人的认可，容易形成群体性思维，后发言的人都会沿着这个观点的思考方向去思考，再提出的观点或意见都是对于这个被认可的观点的补充，很难再有新的观点被提出来了，从而影响集体决策的创造性。

第三，要选择参与讨论的人员。首先要澄清一个错误认识，参与集体讨论的人员越多，集体讨论后做出的决策方案越科学。如果集体讨论的参与人员都是对于讨论主题不了解的人员，或是一知半解的人员，参与的人数越多，集体讨论的结果越难以被采用。有效集体讨论的人员构成是，业务领域越广泛越好，参与的部门数量越多越好，尽量选择与讨论主题有关的、级别相同的、工作背景一致、相互熟悉的人员参与。

需要注意的是，在人员选择上不要求全面。如果让不同职级、不同部门、不同领域的人员都参与进来，由于大家的业务工作不同，每个讨论者都会从自己的工作角度出发去思考问题，而且固执己见，很难被说服；讨论者之间缺乏相同的知识背景，难以形成有效的沟通，对问题的讨论难以深入下去，也会出现有人不参与讨论的情况。尽量选择相似背景、相同级别的人员进行讨论。在某次分组讨论时，组织者将参与人员按照行业进行分组，参与人员是同一部门不同级别的干部。结果发现，讨论气氛很平静，除了级别最高的领导发言提出一些意见观点外，级别相对较低的干部基本上不会发言。在稍后的分组讨论中，组织者将参与人员按照职级进行分组，参与人员是不同部门的同一级别干部，结果发现讨论很热烈，经常会有火花产生。

做好相关的准备

要提前准备好可能用到的工具。如果要砍柴，就要准备好锋利的刀，避免到了现场发现刀是钝的；如果要写材料，就要准备好一台能够正常工作的电脑，避免思路来了的时候电脑死机了；如果要做预算，就要有一个按键灵敏的计算器，避免因某个数字按键不灵敏，导致计算错误。磨刀不误砍柴工，准备一个好用的工具，虽然花费了我们一定的时间，但会帮助我们提高工作效率与工作质量，起到事半功倍的作用。

> 工欲善其事，必先利其器。《论语·卫灵公》：子贡问为仁。子曰："工欲善其事，必先利其器。居是邦也，事其大夫之贤者，友其士之仁者。"即一个做手工或工艺的人，想要把工作完成，做得完善，应该先把工具准备好。住在某个国家，想要修养仁德，要和品德高尚的人交往，与他们做朋友，在他们的影响熏陶下，自己的道德修养就会在潜移默化中得到提高。

要提前制定讨论提纲。对于集体讨论时要讨论哪些主题，要有预先安排和设计，如果任由参与讨论人员自由发挥，想到哪里说到哪里，很容易遗漏掉一个或几个影响决策方案制定的重要主题。一旦讨论结束，想要再次针对这几个遗漏的主题组织一次讨论，会非常困难。就像家里装修时，前期没有想好厨房需要用到的插座数量，没有想到要在床头柜旁边安装顶灯开关，没有想到要给卫生间安装音箱线，装修完毕入住后，发现厨房电器多而插座不够用、因床头柜没有灯光开关晚上关灯不很方便、卫生间没有提前布线导致不能在卫生间装音箱，此时再进行完善，需要的工程量和工程成本远远超出前期预算。如果提前制定了讨论提纲，就可以事先发给讨论参与者，给他们留出足够的时间去搜集信息、思考问题、形成观点和意见，这样也能够节约集体的时间、提高集体讨论的效率。

如果集体讨论的目的是统一参与者对某件事情的认识，更要做好相关准备。要列出参与者可能存在疑虑的地方，可能会提出的问题，一一想好合理的解释，做到有备无患。关于要想出多少种可能出现的问题，可参考教师备课，按照上课时长的 5～10 倍时间准备教案。准备的问题越多，遇到问题时应对越从容。2017 年 3 月 2 日的全国政协会议新闻发布会上，全国政协委员、全国政协十二届五次会议新闻发言人王国庆总共回答了 18 个记者提问。为了准备这次发布会，王国庆和他的团队春节前就开始密集接触媒体和各部委、相关部门。邀请了几十家中外媒体记者开了四场座谈会，听听大家当下关注的热点和在两会上想提的问题，此外还和各部委进行了座谈。随后对收集到的 1 700 多个问题进行梳理、分类、分析，从中找出关注的热点、角度，最后大约有 200 个核心问题，准备工作做到发布会前的最后一分钟。会后，王国庆说，记者的提问没有出现我们准备之外的问题，要做好充分的准备，心里有底自然就不紧张。①

第四节　常见集体决策法

针对集体决策中存在的不足，管理专家对集体决策过程进行改良，总结出了一些有效的集体决策法，帮助决策者更好地开展集体决策。

头脑风暴法

头脑风暴法是集体决策中为了避免群体性思维现象，提高集体决策的创造性而产生的讨论方法。头脑风暴法的特点是创造轻松愉悦的环境，让参与讨论的人员相互碰着观点，提出更多的想法。

头脑风暴法的一般步骤：

A. 所有的人无拘无束提意见，越多越好，越多越受欢迎；

B. 通过头脑风暴产生点子，把它公布出来供大家参考，让大家受启发；

C. 鼓励结合他人的想法提出新的构想；

D. 与会者不分职位高低，都是团队成员，平等议事；

E. 不允许在点子汇集阶段评价某个点子的好坏，也不许反驳别人的意见。

德尔菲法

德尔菲法也称专家调查法。德尔菲法的特点是让专家以匿名群众的身份参与问题的解决，有专门的工作小组通过信函的方式进行交流，避免

① http://e.thecover.cn/shtml/hxdsb/20170308/33737.shtml

大家面对面讨论带来消极的影响。

德尔菲法的一般步骤：

A. 由工作小组确定问题的内容，并设计一份待解决的问题表；

B. 将调查表通过信函或邮件等方式发给各专家，请他们提供解决问题的意见和思路，此阶段专家之间不相互沟通；

C. 专家针对所提问题提出自己的意见建议，反馈给工作小组；

D. 工作小组回收所有专家的意见，进行初步汇总，形成综合意见报告；

E. 工作小组将综合意见报告发给各专家，请专家结合他人意见和想法，修改自己的意见并说明原因；

F. 工作小组收回所有专家的意见，形成第二轮综合意见报告；

G. 工作小组进行新一轮征求意见，直到形成令人满意的决策方案。

团体列名法

团体列名法是头脑风暴法的发展。团队列名法的特点是能够在比较短的时间内解决问题，群体成员有着均等的机会表达自己的观点，每种意见都得到了足够的重视。

团体列名法的具体实施步骤是：

A. 组成一个小规模的决策群体，一般以7～10人为宜；

B. 将需要决策的问题呈现给群体成员；

C. 群体成员单独写下自己的观点和解决方案；

D. 群体成员逐个表达自己的观点和方案；

E. 将所有成员的意见用简明的语言列出来；

F. 针对每一条意见进行讨论或澄清其中的问题；

G. 每个群体成员单独将这些意见按照自己的偏好排出顺序；

H. 将各成员的排序情况汇总，排序在前面的意见作为群体决策的方案。

团体列名法比头脑风暴法的结构性更强，对主持人的个人能力需求有所降低，更容易坚持预定目标而不偏离。

第八章　决策重在执行

决策决定方向，执行决定效果。没有科学的决策，执行就会失去依据和方向。没有有效的执行，再好的决策也只能流于纸面、成为空谈。决策重在执行，好的决策能让执行变得顺利，而有效的执行能完善决策中的不足。决策问题的解决，既离不开科学的决策，也离不开有效的执行。决策者要加强与执行者的沟通，做好执行情况的管理和监督检查，确保取得预期的决策效果。

第一节　沟通阻碍执行

沟通的漏斗

经常听到决策者抱怨，这跟我最初的想法不一样，我制定的决策是这样的，为什么决策制定的效果会是那样的，都是歪嘴的和尚把经念错了。为什么会把经文念错，因为经文在传递沟通中会自然出现遗漏和损失，通常传递沟通的层级越多，信息损失的程度越大。沟通的漏斗是沟通中最常见的一种信息损失现象，是降低决策效率的最主要原因。沟通的漏斗主要发生在决策制定过程和决策执行过程中。

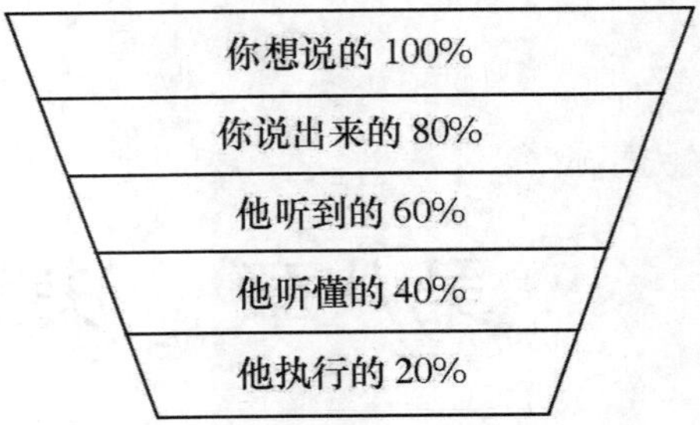

第一个漏掉的20%。在决策制定过程中,领导针对某个决策预先设定了10项目标和要求,但当领导在会上明确提出来的时候,往往会漏掉2个他认为不那么重要的或是大家都应该知道的目标和要求,只有8个决策目标和要求被明确地讲了出来。

第二个漏掉的20%。当我们听别人讲话的时候,总是会因为这样或那样的原因漏掉一部分信息,无论我们多么认真地听讲,也总会出现信息遗漏的现象,差别在于遗漏的信息量的多少而已。如果我们对所听的内容很感兴趣,遗漏的信息量会少一些,如果我们对所听的内容不太感兴趣,遗漏的信息量会多一些。通常情况下,别人讲了8条信息,我们只能接收到6条,有2条信息就在一讲一听之间被遗漏了。

第三个漏掉的20%。听到了不等于听懂了,我们对于所听到的信息不一定都能理解。如同语文课学习,当解读经典古文的时候,即使我们清楚地知道每一个句子、每一个词语的解释和含义,也不一定能够理解那段文字的所要表达的真实意思。听到了6段文字,通常只能理解其中4段文字的意思,有2段文字根本没弄懂。如果是数学课的学习,听懂的比例会更少。在听与听懂的转换之间,又有2条信息被遗漏了。

第四个漏掉的20%。听懂了我要干什么,在行动中经常会打折扣,只能实现其中的一部分。假设去超市购物前,你想要买10件物品,实际购买商品的时候,可能由于时间原因、商品缺货、不是你想要的颜色或型号或是临时忘了还要买这件物品，最终购买的物品只有 5 件与最初的计划相符，另外想买的 5 件物品没有购买，或是购买了不在最初计划中的其他物品。知道要做与实际行动是有差距的，想做 4 件事情，往往最终只能完成 2 件。

而且，沟通的漏斗不仅出现在上级到下级的信息传递与沟通中，从下级到上级的信息传递与沟通也同样存在沟通的漏斗。比如，单位领导班子征求干部职工对单位发展的意见建议，某部门小王想了 10 条建议，当部门开会的时候由于紧张忘了 2 条，只说了 8 条；会议记录员在记录的时候，感觉有 2 条建议的内容重复，都是一个意思，只记录了 6 条；部门在汇总部门职工意见的时候，将部分建议进行了整合，向领导班子提交了 4 条建议；领导班子认为有 2 条建议不重要或是目前不具备实施的条件，只有 2 条被领导班子接受并组织实施。可见，信息不管是从上往下传，还是从下往上传，信息的最终接受者和信息发出者获得的信息不会完全一样，沟通的漏斗普遍存在。

遗漏的原因

第一，人们总是容易忘事。心里想的是 10 件事，为什么说的时候会漏掉 2 件？因为人的记忆不是永久的，大脑有意识的记忆是有时间的，对于一般性的事情不超过 12 小时就会忘记，对于重要的事情需要在 12 小时的周期内进行重复才能延长记忆的时间；大脑有意识的记忆量也是有限的，我们只能记忆相对而言重要的事情，当一个更重要的信息出现的时候，就意味着有一个不那么重要的信息失去了被重复记忆的机会，发生被忘记的情况。

好记性不如烂笔头。当我们与别人沟通前或是布置工作前，要预先列一个讲话提纲，把要说的事情一条条地列出来，还要在不同的时间检查两遍，看看还有没有遗漏，让想说的 10 件事情都能够被说出来。有的人经常说一件事情要打好几个电话，就是因为在打第一个电话的时候没有对照检查，电话挂了才想起来还有别的事情没有说，于是又打第二个电话。所以，对于重要的事情，一定要先列提纲，把重点记下来，并反复检查，否则沟通中一定会漏掉一些事情。同样，对于听话的人来说，也存在忘记事情的情况。对此，领导在开会布置工作的时候，一定要求参会人员记笔记，把听到的重要内容写下来，避免会后忘记一两件事情。有的时候，对于重要的会议内容，还会形成会议纪要下发，也是为了帮助大家记住重要的会议事项。

第二，不同人的理解能力不同。人们总是喜欢与聪明人讲话，因为聪明人能够迅速理解我们所要表达的意思，而不用做过多的说明和解释。现实生活中，由于每个人的文化水平、知识背景、兴趣爱好、思维能力、业务领域等的不同，能够快速理解我们的聪明人不多，不同人对同一句话的理解往往也不相同。因此，领导在讲话的时候要考虑听众的理解能力，特别是在传达上级文件精神要求的时候，不能按照文件逐字逐句地宣读，普通群众没有上级领导的知识背景，很难准确理解文件中要表达的意思，要将书面语言转化成普通群众容易理解的生活语言，转化成贴合本单位工作实际的工作要求，让听众听得进、听得懂。

有的时候还要防止听众不懂装懂。领导布置工作的时候，有的人并没有真正理解领导的意图，又不好意思表示他没有听懂，于是假装听懂了，并按照连蒙带猜的理解开展工作。对此，领导在布置重要工作后，要反问一句“我讲明白了吗，你们听懂了吗？”如果大家表示听懂了，可以点几个人让他重复一下工作的重点，以检验他是否真正听懂了。或是问问大家对这项工作有没有其他的想法，真正听懂的人经常会有不同的想法或是具体建议的，如果大家都没有想法，很可能是没有听懂、在不懂装懂。

第三，沟通环境对沟通效果有影响。沟通的时候要选择周围安静的环境，如果办公室其他人都在大声打电话，嘈杂的声音会影响信息的传递和接受。即使周围环境很安静，如果听讲话的人一心二用，边听讲话边玩手机、查收邮件、敲电脑、看其他材料等等，做其他的事情，也会造成沟通干扰。对此，一要选择人较少、相对安静的环境进行沟通，不要在人多的地方沟通；二要选择对方有时间、能够暂时放下手头工作的时候进行沟通，如果对方暂时比较忙，可以稍晚一些再进行沟通，不要在对方正忙于其他事情的时候急于沟通问题，让对方专心能够有效提高沟通的效果。

第二节　有效沟通技巧

命令要求

要想提高执行者的执行效果，首先要把决策要求讲清楚讲明白。好的命令要求要讲要清楚三件事情。

一是要做什么事情。要告诉执行者这次工作任务是什么，包括最终目标有哪些、任务的规模范围有多大、任务的持续时间有多长、任务的难度水平在哪个级别等等，让执行者对这项工作有一个清晰的认识。

二是为什么要做这件事情。要讲清楚这次任务的价值大小以及它对本单位本部门事业发展的重要意义。在讲为什么的时候，不能不讲大道理，也不能只讲大道理。

有的业务型领导，认为自己是做具体业务工作的，只要把工作干好就行，不愿意讲大道理，也不认为讲大道理有什么作用。其实不然，意识决定行动，布置工作时要特别注意对执行者的思想引导，将这项工作的道理讲清楚、讲透彻，如果时间紧张，可以少花一点时间来讲，但是一定要努力讲好。只有执行者都深刻认识到这项工作的重要意义，从心底里认同这项工作，才会积极主动、认真负责地去完成工作。当工作遇到问题的时候，对决策方案有认同的执行者才会去主动思考解决问题的办法，创造性地完成工作任务。

有的行政部门领导，在布置工作时总喜欢讲大道理，但这些道理都太抽象，不结合实际，很难让听话的人产生对道理的认同感。讲道理要结合实际，要讲明白这项工作对本单位本部门的价值，对个人发展有什么作用，最好还能对工作的价值进行提炼升华，总结出这项工作对单位的长远发展、社会的发展进步的意义。

三是怎么去做这件事情。决策者不仅要对执行者提要求，还要给方法。要告诉执行者这个决策方案可以怎样去执行，有什么安排。有的领导的工作特点是只提要求、不给方法，遇到能干的下属会自动思考问题，探索解决问题的办法；遇到工作经验不足的下属，就会被卡在各种难题面前，最终造成工作拖延、完不成任务的情况。

在讲怎么做的时候，要讲清楚人员安排，怎样分工，由谁负责；要讲清楚质量标准，要达到什么样的标准，最好是容易衡量的客观性标准，而不要用不容易判断的主观标准；要讲清楚时间进度，要说明工作的进度安排，到什么时间完成到什么程度，便于工作人员安排个人进度；要讲清楚纪律要求，工作中要遵守哪些纪律规定，保证安全。

对下沟通

作为单位领导，在对下沟通中经常存在几个认识误区。

第一，认为一两次沟通就能解决问题。某件事情我已经讲过了，你也听到了，应该明白我的想法了，对于大家都已经清楚的事情没有必要再进行反复沟通。此处所指的反复沟通并不是将一个文件或决策反复宣读，而是要结合本单位本部门实际，对文件或决策进行详细解读，通过反复沟通让这件事情更明确、更容易理解。

当执行者第一次接到某个命令的时候，往往只能理解该命令字面上的意思，即了解这件事大概是什么，要干什么，并能够进行简单的执行。

但对于为什么要开展这项工作、这件事的重要意义没有深刻认识，当决策执行中遇到问题，也很难发挥个人主观能动性，迎难而上，完成相关任务。

在执行重要决策时，要采取书面沟通、会议沟通、邮件沟通、集中沟通、个别沟通等多种形式反复沟通，统一并深化大家的思想认识，使决策目标及工作要求深入人心。

第二，认为口头沟通了就不用书面沟通了。经常有领导认为，我已经讲过了，你也记笔记了，就不用再以书面形式进行沟通了。实际上，口头沟通经常会左耳进右耳出，即使听了记了，也只能记下执行者认为的重点，这个重点并不一定决策者认为的重点。通常，执行者记录内容并不全面，也可能不很客观，存在执行者的个人主观认识。口头沟通在形式上缺乏书面沟通的严肃感，无形中会降低决策的重要性。

对于重要的决策，一定要采取发文件、发方案、发会议纪要等形式进行书面沟通。如果已经进行了口头沟通，也要及时形成电话记录等书面资料。

第三，认为集中沟通了就不用个别沟通了。经常有领导认为，某件事情在大会上已经讲过了，各相关部门和有关人员都参加了，就不用再单独找某个部门或某些人个别沟通了。实际上，对于同样的要求每个人的理解都不一样，对于同一项工作不同部门的执行方式也不一样。如果不对关键部门和关键人员进行单独沟通，不同的理解和执行方式，最终会体现在决策效果的千差万别上。

对于重要的决策，要重视关键人员和关键节点的沟通。一要与关键人员沟通讨论决策的具体执行，形成彼此共同认可的执行方案，确保执行的方向正确、节奏合理。二要在关键节点，及时了解情况，沟通进度，梳理问题，研究方法，掌控决策的执行进程。

对上沟通

工作中不仅要善于对下沟通，布置工作；也要善于对上沟通，寻求支持和帮助。在对上沟通中，有几点注意事项。

第一，要多用选择式问句。向上级领导请示一件事情的时候，要尽量多用选择式问句，让领导在几个方案中选择一个。少用提问式问句，领导的时间和精力会很宝贵，没有时间帮下属思考下属的问题。比如，部门发展中遇到了一个问题需要解决，你作为部门负责人想召集其他有关部门开会研究一下解决方案，要寻求上级领导的支持。如果采用提问式问句，“部门遇到这样一个问题，是不是开会研究一下?”领导通常会回答“可以”。你回去等待上级领导的下一步开会安排，而上级领导根本没有时间帮你去安排工作，这个开会的提议就此没有下文了。如果采用选择式问句，“部门遇到这样一个问题，想开会研究讨论一下，会议大约 1 小时，您今天下午有时间还是明天上午有时间，好提前通知相关人员?”领导会想一想，然后回答一个他有空的时间段。这时，就可以回去安排会议了。

第二，要注意讲话的措辞。向领导汇报工作的时候，要注意措辞，选用恰当的词语、句子来表达自己想要传递的意思。对于同一件事情，措辞说法不同，传递出的意思往往会大相径庭。

清朝咸丰年间，湘军与太平军作战，曾国藩命令李元度领兵作战。李元度只是一个书生，根本不会领兵作战，于是每打一次仗便败一次，而且败得干净利落。曾国藩很生气，准备写奏折弹劾他，在奏折上如实写李元度作战“屡战屡败”。李元度听说后，如坐针毡，请曾国藩的幕僚帮忙求情。幕僚看到“屡战屡败”一句时灵机一动，拿起笔将“屡战屡败”改成了“屡败屡战”，奏折的意思变得大为不同。李元度因此逃过一劫。

讲出的话还要符合当时的环境。人都喜欢听肯定、赞美、表扬之类的好话，不喜欢听到批评、指责、抱怨之类逆耳的话，即使这些逆耳的话是实话，讲出来的时候也要选择好环境。鲁迅在《立论》中讲了一个关于说话的小故事。

> 我梦见自己正在小学校的讲堂上预备作文，向老师请教立论的方法。
>
> “难！”老师从眼镜圈外斜射出眼光来，看着我说。
>
> 我告诉你一件事：一户人家生了一个男孩，合家高兴透顶了。满月的时候，抱出来给客人看，大概是想得一点好兆头。
>
> 一个客人说：“这孩子将来要发财的。”他于是得到一番感谢。
>
> 另一个客人说：“这孩子将来是要死的。”他于是得到一顿大家合力的痛打。
>
> “这孩子将来要发财的。”虽然是恭维话，但主人家此时此刻需要的就是这种喜气洋洋的氛围。
>
> “这孩子将来是要死的。”虽然是实话，但是在喜庆的场合说是不合时宜的。

沟通形式

要想取得良好的沟通，还要注意沟通的形式。如果能够直接沟通，尽量采取面对面直接沟通的方式，既能够避免层层传达中的信息遗漏，也能够避免对信息的误解和扭曲。如果某些问题不好直接沟通，也可以采取间接沟通的方式。比如，局长不好直接和科员沟通，可以跟处长讲，让处长再去跟科员沟通；男领导不好直接和女同志沟通，可以先和女领导沟通，让女领导再去和女同志沟通。通过婉转的沟通，能够避免直接沟通引起的尴尬。

第三节　提高执行效率

明确责任

执行力不高有很多原因，其中一个重要原因就是没有明确责任，产生责任分散效应。责任分散效应也称为旁观者效应，指需要完成一项任务时，如果这项任务是由一个人单独完成，这个人的责任感就会很强，会做出积极的行动来完成任务；如果这项任务由一群人共同完成，每个人所要承担的责任就会被稀释，面对困难和问题时，往往期望别人多承担点儿责任，自己向后缩，从而出现人多不负责、责任不落实的情况。

1964 年，在美国纽约郊外某公寓前，一位叫凯蒂的年轻女子晚上在下班回家的路上遭到袭击。凯蒂大声呼救。一些住户开窗查看，有一个邻居厉声呵斥："放开那个女孩！"凶手被吓跑了。当一切恢复平静后，凶手又返回作案。当她又喊叫时，附近的住户打开了电灯，凶手又逃跑了。当她认为已经无事，回到自己家上楼时，凶手又一次出现在她面前，将她杀死。在这个过程中，由于她大声呼救，邻居中至少有 38 位到窗前观看，但无一人来救她，甚至无一人打电话报警。①

美国知名心理学家乔基姆·克鲁格称，这些邻居也好，路人也好，网友也好，其实可能都是很有同情心的人，但在旁观者众多的情况下，人们可能对自己的责任产生模糊感。当有人遇到紧急情境时，如果只有他一个人能提供帮助，他会明确自己需要承担的责任，对受难者给予帮助；如

① http://news.ifeng.com/opinion/wangping/jianyibuwei/

果他见死不救，内心会产生强烈的罪恶感和内疚感。而如果当时有许多人在场，帮助求助者的责任就被大家共同分摊，每个人需要承担的责任弱化到很少，有的旁观者可能连他自己的那一份责任也意识不到。正是这种总会有人去救的想法，造成了集体冷漠的局面。一个和尚挑水吃，两个和尚抬水吃，三个和尚没水吃，也是责任分散效应的一种表现。

避免责任分散效应，要层层分解责任，任务落实到人。要明确具体任务，让每个人都知道自己该干什么、不该干什么，专心致志地干好自己应该干的工作。比如，对于单位中长期发展规划的执行，首先要细化成为年度工作计划；将年度工作计划落实到各部门，形成部门工作重点；各部门按照岗位职责和分工安排，把执行责任落实到每个具体岗位、每个执行人。通过层层分解任务，明确具体责任，增强执行人承担责任的自觉性。

拆分任务

决策执行中，经常会出现走过场的现象，像是以会议贯彻会议，以文件落实文件，以决策执行决策。这些决策在形式上贯彻的较好，好像已经执行了，但实际上总是落实的不到位，在内容上执行不够。出现走过场现象的原因有多种。比如，决策者没有讲清楚决策任务的重要性，让执行者误以为这个任务不是那么重要，执行的时候没有全力以赴。但更多的原因是，决策者提出的命令要求超过了执行者的能力范围，执行者不会做或是做不出来，就只能在形式上敷衍了事。

要想让决策得到有效执行，决策者要善于拆分任务，把总目标拆分成一个个小任务，降低每个任务的完成难度。拆分任务不是简单地将大的任务直接划分为几个小的任务，大任务与小任务的决策目标不变，只是任务要求的数量的简单改变。比如，某部门要在一周内完成 1 000 份样本量的调研任务，调研方式要求综合问卷调研、座谈会调研和电话访谈三种形式。由于该部门有3个人,就简单地要求每个人要完成1/3的调查任务。这样的任务拆分没有降低任务的难度,对于部门的新人而言执行起来很困难,拆分工作没有任何意义。

拆分任务是要通过改变每个小任务的内容和要求,降低任务难度,让每个执行者都能够完成相应的任务要求。拆分任务时,要结合实际,合理安排人员。决策者要熟悉执行人员的情况,了解每个人的长处和短处,根据个人专长合理进行分工,把人才用到最适合的地方,发挥每个人的最大长处。比如,小张善于电话沟通,就让小张多承担打电话的任务;小王善于写材料,就让小王多承担写材料等后勤的任务;小李能够长时间出差,就让小李多承担出差的任务。拆分任务时,也要充分利用资源。决策者要熟悉所掌握的各类资源情况,对于能够调动的资源做到心中有数,从而合理利用有限的资源,用最小成本取得最大的成绩。以上文调查问卷的任务为例,拆分任务后可能形成如下3个小任务:一人到A地区完成400份问卷调研,一人到B地区完成400份问卷调研,一人召开3次座谈会完成60人次的调研、打40个电话完成40人次的调研。

避免拖延

毛泽东同志强调"什么东西只有抓得很紧,毫不放松,才能抓住。抓而不紧,等于不抓"。决策执行中,要增强紧迫感,避免拖延,提高决策执行的效率。

一要提早动手,抢抓机遇。机遇稍纵即逝,对重点工作任务要提高计划性和前瞻性,做到早谋划、早部署、早安排,才能抓住机遇,快速发展。

二要以身作则,做好表率。单位领导要为干部职工做好表率,行政机关要为基层一线做好表率。要求别人做到的,自己必须先做到;要求别人做好的,自己必须先做好,这样才能带动基层干部职工共同努力,营造出高效执行的良好氛围。

三要加强统筹，协同推进。许多决策在执行中都需多部门的配合、协同推进，有一个部门拖延，就会影响整个任务的完成。决策执行中，决策者要加强对相关部门的统筹协调，让各执行部门都能够积极配合，才能提高决策执行效率；如果部门间协同不畅，也会影响决策的整体执行。

坚决执行

实际工作中，经常会遇到某个决策看起来不合理，感觉是错的，这时你要不要按照决策方案去执行？对此，有几种不同的做法。有的执行者会找决策者进行理论，如果决策者能够辩倒他，就去执行；如果决策者没能够辩倒他，就拒绝执行。有的执行者会去给决策者提合理化建议，要求修改决策方案，按照自己的建议去执行。有的执行者会采取选择性执行的办法，对于自己认同的部分，按照决策方案执行；对于自己不认同的部分，按照自己的想法去执行。还有的执行者严格按照决策方案去执行，万一最后出了问题不承担责任，由决策者负责。

如果你是执行者，你认为应该怎么办？首先，建议执行者认真分析这个决策方案，必要时可以与决策者进行沟通交流，来判断这个决策方案是不是真的不合理。有时候，执行者对决策方案的第一印象带有个人主观印象，并不客观性。有时候，由于执行者和决策者在知识背景、掌握的信息、看问题的角度、对未来的预判性上存在差距，在决策者看来很合理的决策方案，在执行者看来并不合理。通常来说，决策者掌握的信息更多、具有更专业的只是背景、对决策问题的预期判断更准确，所作出的决策并不想执行者认为的不合理，执行者应该按照决策方案去执行。

万一决策者做出的决策确实不合理，建议执行者仍然按照决策方案去执行。管理学家认为，在一个组织里由于不服从领导指挥而造成的损失，远比领导错误决策造成的损失要大得多。即使执行者已经确定决策方案是错误的，也要按照决策方案来执行，这是降低损失的最好办法。假设执行者坚持不按照决策方案去做，想另辟蹊径去解决问题，要保证执行者提出的方案是正确的，并且在执行过程中能够通过决策者的监督和检查。如果执行者提出的决策方案也是错的，还不如按照决策者提出的决策方案去执行。

第四节　加强执行监督

监督的作用

决策任务不是布置下去就结束了，在决策执行中，要定期不定期地检查工作进展，监督决策执行情况，及时发现并纠正存在的问题，才能够确保决策的有效执行。

某单位组织过一个简单的执行游戏，让参加学习的领导干部按照统一的指令折纸。命令如下：

请大家拿出一张纸，闭上眼睛。

第一步，把纸对折。

第二步，在纸的右下角撕去一个 1 厘米左右的正方形。

第三步，把纸按顺时针方向旋转 180°。

第四步，把纸对折。

第五步，在纸的左上角撕去一个 1 厘米左右的正方形。

第六步，把纸按顺时针方向旋转 90°。

第七步，在纸的左下角撕去一个 1 厘米左右半径的 1/4 圆。

然后，让大家睁开眼，展开手中的纸，比一比和周围的人有什么不同。

结果发现，由于折纸过程中大家都闭着眼，无法相互校对执行效果，工作人员也没有进行监督和检查，每一次游戏中都会出现两种以上的结果。如果改变游戏的前置条件，让大家睁着眼睛折纸，相互之间可以监督检查彼此的执行情况，根据大多数人的做法调整自己的做法，最终只会出现一种结果。

由此可见，监督检查在决策执行中发挥着重要的作用。比如：避免遗忘。人的记忆是有限的，经常会忘了这里或是忘了那里，需要通过监督检查来加以提醒。确保进度。要定期检查执行的进度，是否按照计划完成了相应的任务，否则容易出现执行进度拖沓的情况。完善方案。任何方案都不是完美的，都存在一定的缺陷和不足，需要在执行过程中去发现，根据监督检查反馈意见，及时调整方向、弥补不足，让方案更加完善。激励先进。要营造“干多干少不一样，干与不干不一样”的氛围，对执行效果好的进行奖励，对执行效果差的进行惩罚，从而激发调动干部执行决策的主动性和积极性。

严格监督考核

机关工作中对决策执行的监督管理主要通过考核的手段来实现。通过考核，能够对表现突出的执行者进行表扬和奖励，对于没有完成工作任务执行者进行相应的批评和通报，以此来鼓励先进、鞭策后进。

首先，要建立考核制度。提前制定考核办法，并对执行者讲清楚这个考核办法的内容和达标的标准，作为后期考核的主要依据。在具体操作时，要严格标准，不能以差不多为借口放松要求。对于决策中的各个环节，都要用 100 分的标准严格要求，才能确保最终决策执行效果。如果每个环节的执行效率都降低一点点标准，单独看起来也都很满意，但几个环节叠加起来，执行效率就会降低得非常厉害。

假设某工作只有一个环节，做到90%是能够被接受的。如果该工作有两个环节，每个环节都只做到90%，最终结果是81%（两个90%相乘）。如果该工作有三个环节，每个环节都只做到90%，最终结果是73%（三个90%相乘）。如果该工作有四个环节，每个环节都只做到90%，最终结果是66%（四个90%相乘）。如果该工作有五个环节，每个环节都只做到90%，最终结果是59%（五个90%相乘）。一个环节中仅仅10%的偏差，在经过五个环节的传导之后，会出现不及格的结果，这是不是很难被接受。再加上决策执行过程中出现的信息遗漏，执行结果会更加糟糕。只有严格每个环节的执行标准，每一个环节都做出百分之百的结果，才能确保总体决策要求得到百分之百的贯彻落实。

其次，要兑现考核承诺。要切实按照事先讲明的考核办法进行考核，兑现奖惩，充分调动大家执行的积极性和主动性。如果奖惩承诺在兑现中打了折扣，就会逐渐失去监督考核应有的作用，执行者也会对考核制度失去敬畏之心。比如，某单位规定员工在上班时间必须佩戴工牌，如果被发现不佩戴工牌，每次罚款50元。开始，有两个员工忘记佩戴工牌，管理部门只是对其进行了口头教育，并没有按照规定进行罚款。第二天这件事情被传开，其他员工感到，罚款措施并不会被执行，于是不佩戴工牌的人越来越多。一个月后，一半以上的员工都不再佩戴工牌上班了。

表扬与批评

兑现考核结果，意味着要对执行者进行表扬或批评。很多决策者都不善于表扬或批评，如果做好表扬或批评是决策者需要掌握的必备能力。

表扬时，要准确具体地描述事实。不能只讲抽象概念，像是“某同志认真负责、兢兢业业，为单位的发展做出了突出贡献”，内容过于抽象，听众都不知道要像他学习什么。要具体说明受表扬人做了什么事情，是如何做的这件事情，像是“某同志在完成某重大任务中，一个月内连续工作28天，每天工作到晚上9点才回家……”越具体的做法越具有可模仿性，才能够成为榜样，让其他人向他学习。最后结束前，要提出希望和要求，鼓励大家向该同志学习，共同创造出更好的成绩。在表扬时需要注意一点，不要多说“还”字，“还……”的句子会降低被表扬者的幸福感，让他感到微微的伤害。

批评时，也要明确指出批评的具体事实。同样要讲具体，让听众清楚发生了什么事情，某人做出的什么样的行为导致了问题的出现，这个问题对同事、对单位、对社会造成了什么样的不良影响（用数字来表述损失）。这样能够让听众认同对某人的批评，并且清楚哪些做法或行为是不可取的，告诫自己不能犯同样的错误。如果说的模糊不具体，好奇心重的人就会瞎想瞎猜，出现八卦流言；不讲清楚被批评的人到底错在哪里，其他人还是会容易犯同样的错误。最后结束前也要提出希望和要求，对被批评的人要求他改正自己的缺点错误；对于听会人要求从中吸取教训，在日后的工作中加以注意，同样的错误不能重复犯。批评不是为了惩罚，而是为了防微杜渐，防止同样的错误现象再次出现。遇到重要危险或紧急的事情，批评时态度要严肃，可以直截了当地提出整改要求。如果是一般性的事情，可以采用委婉的方式来讲，多用“能不能……”或“如果……”的句式。

需要注意的是，在批评时不能贴标签，要将这次错误与被批评人的平时表现区分开来。要肯定该同志以前为单位、为部门发展做出的积极贡献，指出这次错误只是一个个案，相信该同志在今后工作中不会再出现此类错误情况。在批评时要保持理智，使用不带有感情色彩的词语，不能用带有情绪的词语，以免对被批评人造成情感上的伤害。

第九章　决策案例

案例一　产业扶持政策为何落为一纸空文

案例正文

我国内蒙古自治区，地形以高原为主，大部分地区海拔在1 000米以上，属温带大陆性季风气候，这样的生态环境不利于病原菌和害虫的生长，再加上又有着充足的光照，是一个适合种植蔬菜的地方。因此，设施农业建设一直是当地农民增收致富的重要产业。但有群众反映，在自治区首府的呼和浩特市，原本惠农利民的蔬菜温室大棚项目却遇到了麻烦，数千亩大棚荒废闲置在田间好几年，产业扶持政策落为一纸空文。

数千亩农业大棚荒废数年

2012年，呼和浩特市政府提出，市里围绕农业供给侧结构性改革，针对市民的需求，提供绿色蔬菜供应。手段就是通过发展设施蔬菜，真正达到调整农业结构，优化产业布局，满足市场供应，同时还能增加农民收入。

当年，呼和浩特市决定在包括土左旗、赛罕区、和林县在内的7个旗县发展设施农业，计划用2012—2015年3年时间，建设16万亩蔬菜保护地，其中高效日光温室要占到70%，即11.2万亩。

4个年头过去了，农民们并没有实现自己的致富梦。在呼和浩特市土左旗，2012年开始建设的设施农业项目，计划建设5.8万亩。3年多过去了，土左旗成片成片的大棚空置、破损。无人机在“荣盛农业产业园”的园区上进行了拍摄，行程1.8千米之后，画面上仍然看不到闲置大棚的尽头。这些大棚有的长了草，有的破旧不堪，有的甚至只建了一半。一大片原本是耕地的土地上，现在冷清得只能看到一两个放羊的村民。在呼和浩特市南边的和林县，同样是一片片无人耕种的荒置大棚，附近的村民说，大棚都是2013年前后建起来的，到现在已经荒废三四年了。在赛罕镇太平庄村，项目用地1 800亩，建起了600个大棚，目前近30%闲置。

呼和浩特闲置撂荒的蔬菜大棚，究竟达到了多少呢？闲置撂荒的情况已经达到了怎样的程度呢？呼和浩特市赛罕区政府给记者回复的函件中写道：“赛罕区大力发展设施蔬菜，总面积已达到5.5万亩，蔬菜投产率达到95%以上”，按照这样的说法，赛罕区未投产的大棚应该只有5%，也就是2 750亩。可单是在记者走访的保素、添密湾、太平庄这3个村，就已经有近2 200亩地的温室大棚在建成后产权不明晰、没有投入使用。而在随后的调查中，更多的空棚出现了。在赛罕区黄合少镇的南地村，546个温室大棚，乍一看，多数温室大棚设施齐全，看上去似乎在正常使用。可仔细观察，即使在一天当中日照最好的时候，大棚也捂得严严实实，始终不见光。原来，除了临近路边的几十个棚有人种草莓，绝大多数棚下都是空的，并无人耕种。

建设资金落实不到位

帮助农民致富，改善当地的蔬菜供应，改善农业结构，这原本是件好事。在赛罕区巴彦镇保素村，项目用地1 200亩，建起了450个大棚，目前近90%闲置。这背后究竟出了什么问题？

赛罕区的温室大棚建设以村为单位，村委会或村合作社牵头，外包给工程队建设。大棚的建设资金来源包括政府补贴款和村民认购款。为了推进设施农业发展，呼和浩特市政府决定给予建设补贴，每建成一个面积为1亩的温室大棚，补贴2万元，旗县区补贴1万元。其余的建设资金由村民认购的形式筹集。

赛罕区巴彦镇保素村村主任赵高俊说，为了保素村这个项目，市区两级财政已经先后补贴了2 000多万元，还贴息借给合作社220万元，但3年过去了，什么起色都没有。工程队的建棚资金，还有1 000万元的窟窿没填。每次开会，一谈到资金，局面就僵在那里。

赵高俊认为，大棚撂荒的主要原因，就是没有村民愿意交自筹款认领大棚。

在保素村村口的告示上面清楚地写着，要将村里建好的450个大棚承包给村民，每个大棚3万元认购费。村民们说，自从2013年保素村的大棚建好以来，这张告示上的内容就基本没变过。每次贴出来后，历经几个月的风吹日晒，直到告示残破得不能看了，就再换上新的。截至2017年2月底，全村567户，只有1户交了认购款。

赛罕区黄合少镇南地村大棚施工队负责人说，南地村5个施工队的工程款没有一家结清的，他自己垫资的300万元，要了3年没要回来。另一个施工队负责人说，垫资的360万元也是3年未能要回。利息一个月2万元，一年就是24万元，一个月2万元，那么每天就是700元利息，一小时就是30元利息，压得他苦不堪言。

村民不愿意缴纳自筹资金建设大棚，建设大棚的工程队垫付款无处讨要，市政府这项落不了地的宏大计划，就这样尴尬的撂荒在了各个村庄里。

算出来的计划不切实际

为什么村民不愿意认购大棚？赛罕区蔬菜局干部说，保素村在2010

年曾作为蔬菜大棚试点，由市政府出全资，建了200个大棚，免费发到有意愿种大棚的农户手上。现在政府想扩大产业规模，拉着农民一起投资建设，但农民们却一分钱也不愿意投入，想让政府白给。保素村的村民和村委会，在处理这个事情的时候，没有积极地跨出一步。提起现在撂荒的大棚，主管干部也是一肚子怨言。

赵高俊认为，因为村里过去有过免费发放蔬菜大棚的经历，现在让大家掏钱来认购，和政府一起投资建设大棚，难免积极性不高。既然如此，为什么当初保素村还要报1 200亩、450个大棚这样大的一个规模呢？

保素村村干部说，在2012年呼和浩特市现代农牧业发展重点项目决策方案中，市政府表示，对集中连片建设1 000亩以上的项目以奖代拨进行财政补贴，一个高效日光温室的补贴高达3万元。有这样明确的补贴标准，有明确的面积要求，因此，在赛罕区人民政府办公室印发的项目决策方案中，“1 000亩以上”就很自然地被明确为1个建设单元的建设标准。保素村的450个棚就这样建了起来。

在审核之初，作为牵头单位的赛罕区蔬菜局还根据全村人口的数量进行判定，也认为450个棚不算多。赛罕区蔬菜局干部说，保素村有1 400口人，应该最少有500个劳力，一个劳力能够种一个半棚，该村可以种植700多个棚。我们是按照500个劳力种400个温室大棚来测算的，符合对劳动力的需求。

但这份坐在办公室里“计算”出来的方案，在执行过程中，开始出现不接地气的情况。原来保素村距离呼和浩特城区只有半小时车程。这些年，绝大多数青壮年劳动力更愿意选择去城里打工。村庄里剩下的都是老人和孩子，能称为劳动力的村民，几乎都在外打工。而且不仅如此，由于这两年低迷的蔬菜价格，村里根本找不到愿意在大棚里种菜的村民。

村民为什么不愿意种大棚？

中央电视台财经记者采访中了解到，为了尽快创造成绩，各级部门基本都在大干快上。在保素村，虽然大棚项目已经启动了4年多的时间，但村子里，政府部门建设大棚连最基本的土地流转协议也没有和农民签署。这样的现象，在相邻的添密湾村也同样存在。因此，市政府推广大棚的愿望，在各区各县的村庄里根本得不到农民们的认可。

村民认为，他们无任何蔬菜种植知识，没有土地流转协议，现在又提出要农民自己再花几万元共同投资大棚的建设，这样的致富计划，农民们很难接受。

添密湾村村民算了一笔账："4万，国家给的钱，一个大棚就给这么多钱；以后政府给你贷3万块钱无息贷款，这是你出的钱；之后再拿现钱再交1万5，你就可以种这个棚了。这么一算建一个大棚就是8万5千元。那个大棚不值那么多钱，我不想花那么多钱。那个大棚我能花8万5买吗？我自己的地损失了，再叫我掏4万5，我能心甘情愿吗？"

由于土地流转手续存在空白，农民不愿意承担费用共建蔬菜大棚，现有的大棚，村庄没有足够的劳动力展开生产。有村民说，大棚没有人种，卖卖不出，租租不出去，把农民的地占了不给钱。现在他们不仅有地不能种，就连土地流转费都要每年向当地政府去讨要。但要了好几次，都说没钱，一年拖一年，农民都没得生活了。

这些问题，似乎和政府部门的设计南辕北辙。而这些问题直接导致的后果，是连片出现的撂荒的蔬菜大棚。政府的财政资金躺在地里，农民的土地撂荒在大棚里，这似乎就是这场大规模致富规划现在留下的答案。

千亩大棚长期闲置如何破解？

一张本应该多赢的蓝图，却在几年间演变成了“烫手山芋”，地方政府、村民和承建商都伤心不已。就在节目播出前，呼和浩特市政府向我们栏目发来了有关设施蔬菜基地建设的情况说明，目前呼和浩特市政府已经积极行动起来，对存在的问题，正在协调解决中。

比如，巴彦镇保素村的设施蔬菜基地，因村委会未付农民土地流转费，村民阻拦导致建成的 440 栋温室大棚中有 320 栋未投入使用，现在保素村委会已一次性支付农民 2014—2016 年三年共 201 万元土地流转费用，未投入使用的温室中有 170 栋已与农业企业达成合作意向，对剩余 150 栋责成赛罕区政府继续牵头招商，引入农业公司和个体种植户，要求于 2017 年 8 月底前全部开始种植生产。比如，黄合少镇南地村的设施蔬菜基地，546 栋大棚有 369 栋建成并投入使用，剩余 177 栋温室大棚建成但无人租用，现已责成赛罕区政府负责牵头招商，引入农业公司和个体种植户，同样要求在今年 8 月底前全部开始种植生产。还有很多其他地方未建成的项目，目前都由各旗县区政府负责落实具体措施，确保项目按期完成。

希望政府的良苦用心能尽快收获到想象中的成果，这样一项惠民利民的好工程最终能真正惠及于民。①

思考题

1. 这项惠民利民工程为何推进不下去？
2. 政府在政策制定中存在哪些问题？
3. 如果你是政策制定者，你会如何改进这项政策？

---

① 呼和浩特：被撂荒的“致富梦”.《经济半小时》，2017 年 3 月 29 日

案例分析

上述案例真实反映出了科学决策中容易出现的问题，在决策案例中忽略了几个重要的决策原则。

第一，全面了解情况。不管是确定决策目标，还是制定具体的决策方案，都必须建立在全面准确掌握有关信息的基础上。如果不确定决策的具体环境，不确定决策中所涉及的其他主体的情况，这样的决策只会是失败的决策。

第二，符合经济规律。领导决策要以经济效益为中心，把经济效益同社会效益结合起来，以较小的资源消耗取得最大的决策成果。如果一项决策所消耗的代价大于所得，那么这项决策是不科学的。

第三，具有可行性。所有的决策都必须有可行性，如果这个决策不能操作，不能真正落实，这个决策没有现实意义，是个空谈的决策。

案例二　领导的要求违反规定要不要执行

案例正文

【庭审纪实】蒋洁敏（国务院国资委原主任）：我的犯罪事实是清楚、明确的，犯罪的证据是真实和确凿的。我对犯罪事实供认不讳，对起诉书没有任何异议。我认罪、悔罪、供认不讳。

【解说】蒋洁敏，1955 年出生，中国石油天然气集团曾经的一把手。2013 年 8 月末的短短几天之内，多名中石油高管相继被调查。9 月 1 日，当时已经调任国务院国有资产监督管理委员会主任蒋洁敏被带走调查。2015 年 10 月，湖北省汉江中级人民法院对蒋洁敏案进行了公开宣判，蒋洁敏犯有受贿罪、巨额财产来源不明罪、国有公司人员滥用职权罪，一审判处有期徒刑16年，蒋洁敏当庭表示不上诉。

蒋洁敏：我自己的罪过很大，对国家、对人民、对资源的开发、对党的形象，都造成了特别重大和无可挽回的影响和损失。认罪、服法。

【解说】蒋洁敏所犯的国有公司人员滥用职权罪，主要行为是在担任中石油主要领导期间，违反有关规定，帮助他人获得了9个油气田区块的合作开采权，致使他人非法获利达30.469 6亿元，使得国家财产遭受特别重大损失。油气田合作开采权的审批有一套完整的制度，要经过严谨的程序，但多名中石油高管，都为了满足蒋洁敏的要求，把制度抛在了脑后。

王道富(中石油原高管)：不仅是应该按照文件要求办，而且也要按照文件要求的程序和把关，要做这些工作。但是当时我们，特别作为我，也没有多想这些问题，反正想到是蒋洁敏安排的事情，我们把它办好就行了。

【解说】按照规定，油田在对外合作之前必须先探明储量，才允许拿出来对外合作。但是，违规报批的9块油气田里，有7块根本没有进行勘探，就被上报申请对外合作开采。在送批的报告中间有这样的表述，说这些油田属于勘探难度大、埋藏较深、单井产量低、外部环境复杂，如果说根本没有勘探，这些描述又是怎么做出来的呢?

王道富：满足蒋洁敏总经理对我们要拿去合作开发的一个要求，这是首先考虑的问题，然后在进行形成文件的时候，也就自己找了一些理由吧，自己找了一些理由，来作为合作开发的理由。

记者：那也就是说其实这些是编出来的一些理由?

王道富：对，编出来的一些理由。

【解说】这9块油气田的审批一路违规闯关。回顾整个审批过程，几乎每个环节都严重违反了程序和制度，中石油多名管理人员都没有负起应该负的责任、把好该把的关，最终也都要承担相应的责任。

冉新权（中石油原高管）：因为很多事情，一听说是领导安排的，大家都不愿意得罪领导，一听说有背景，也确实存在这种情况，睁一只眼闭一只眼就过去了。

【解说】当对于制度的尊重，让位于对领导意志的遵从，一个个本该把关的环节都变得形同虚设。当一把手的权力超越边界却缺乏监督，违纪违法的指令，就这样在系统内部畅行无阻。

王道富：我之所以能够有今天，之所以能够到这个地方来，也就是既是作害者，也是受害者。所谓作害者，就是说我参与到这件事情当中了。所谓受害者，因为蒋洁敏总经理安排了这件事情，他的想法和要求当和制度发生矛盾的时候，怎么样去防止和监督领导，成为很重大的一个问题。我觉得还是按照党中央提出来的全面依法治国、全面地管好党，从这个角度去根治这些问题和矛盾，去彻底扭转这种领导一把手就权大于法、权大于制度的这种环境。

【解说】石油的生成，至少需要 200 万年的时间，在任何国家，它都被看作意义重大的战略能源。中石油集团作为中央企业，负有为国家管理石油资源的重大责任，但在这一事件中，却由于个别领导的意志而层层违规，让本是国有公共资源的油田，成了个别人为自己捞油水的富矿，其中的教训，可谓沉痛。

蒋洁敏：我作为中石油的一把手，签了字，所以说别人不好亮黄灯，也不能给红灯。

记者：如果说上级做了一个错误的决定，要做一件错误的事情，每一层的下级都不敢亮红灯，那不是这样的错误就永远不会被纠正吗？

蒋洁敏：那关键是把一把手管住，现在中央不是已经加强对一把手的监督了吗，巡视制度是对主要领导的。什么都要抓一把手才行，管住了一把手，就管住了问题的绝大部分。中石油出了这些腐败的问题，我是负主要责任的。我带头破坏了制度，别人也能破坏制度，我腐败，别人也能腐败，所以我是中石油的历史罪人。这个我认识得非常沉重、非常清楚，我对不起他们。

【解说】蒋洁敏一案警醒着人们，不论对于一个单位、一个部门还是一个地方，对领导班子、主要领导干部的监督，都是至关重要的。而这在过去，也往往是监督的难点甚至盲点。①

思考题

1. 如果上级领导要求你做违规的事情，你会怎么办？
2. 为什么违规的要求能够被执行完成？
3. 如果你是制度制定者，如何去防范违规事件的发生？

案例分析

上述案例真实反映出了决策执行中容易出现的问题，在这个案例中责任不仅在于具体执行者，执行者所处的企业文化环节、组织制度建设情况都是导致违规执行事件的重要原因。

第一，执行者要时刻牢记最重要的目标。在决策执行中，经常出现因过度关注次要目标，而忘记最重要目标的情况。比如，对于一个单位的党政领导干部而言，安全稳定是第一要务，其次才是经济社会发展。由于安全事件发生的概率很小，容易被忽略不计，有的单位领导出于节省时间、节约经费等因素的考虑，选择冒一点小险，去争取更大的经济效益。没有认识到，一旦小概率事件发生，对于单位和领导干部本人都是重大的损失

① 大型电视专题片《永远在路上》第八集《标本兼治》

和灾难。当领导要求执行者去做违规的事情的时候，要牢记岗位工作的最重要目标是按规定办事，对于违反规定的事情，要敢于拒绝。

第二，在执行决策方案时不要掺杂个人情感或利益。有时执行者已经认识到违规执行是不对的，但是考虑到领导与个人的感情很好，为了人情面子而做出违规的行为。有的执行者为了个人的职业发展，想要去讨好领导而做出违规的行为。有的执行者则希望在违规行动中为个人谋取利益，而做出违规的行为。如果执行者能够保持理智，去除掉个人情感和利益因素，就能够更好地处理违规的命令要求。

第三，组织要加强制度建设，创造好的工作环境。邓小平同志说过：好的制度能让坏人干不了坏事，不好的制度能让好人变坏。要加强制度建设，合理规范“一把手”的权利，严格对工作程序的监督和管理，营造不敢违规、不能违规、不想违规的长效机制。

案例三　美国新奇士合作社的发展之路

案例正文

提到“新奇士”，很多人会立刻想到美国脐橙。其实脐橙只是“新奇士”家族成员之一，其他成员还有柠檬、葡萄柚、巴伦西亚橙、柑橘等。对于这些水果来说，“新奇士”是一个统一的商标，而对于生产和销售者来说，“新奇士”则是个拥有 108 年历史的非营利性协会。新奇士合作社每年销售水果约 8 000 万箱，是美国十大供销合作社之一，也是世界上最大的水果蔬菜类合作社。

追求自身利益，催生新奇士

19 世纪 80 年代，美国西部的加利福尼亚州和亚利桑那州就有大面积果树种植园，那里的气候温和、阳光充足、土壤肥沃、昼暖夜凉，十分适合水果的生长和储存。1893 年以前，美国加利福尼亚州的柑橘是由代理商收购和销售的，由于信息不对称，橘农处于被动地位，只能听凭销售代理商的摆布。代理商通过压低柑橘价格获取尽量多的利润空间，有的还以寄售方式将市场风险转嫁到橘农身上，结果是代理商获得了大部分利润，橘农却承担了所有风险，常常面临亏损。

为了抵御市场风险，南加利福尼亚州的橘农联合起来建立了几个小的柑橘销售协会，1893 年 8 月，由 100 多名橘农代表发起，在洛杉矶成立南加利福尼亚水果销售协会。协会制定柑橘分级标准，严格控制产品质量，为本地区 60 户柑橘生产者提供运销服务，在第一个收获季节，共为橘农卖出 600 万箱柑橘，每箱价格比橘农通过销售代理商销售高出 75 美分。后来，随着协会规模的扩大，成员发展到 5 000 户以上，每年运销 1 400 万箱柑橘，占加利福尼亚州柑橘产量的 45%。1905 年更名为加利福尼亚果农销售协会。1908 年，确定商标为 Sunkist，含义是“太阳亲吻它”，寓意着我们的水果经过充足的阳光照射，表面上有一层诱人的光泽，表明质量很好，每年在水果交易中有 600 万箱柑橘和 100 万箱柠檬贴上了“Sunkist Orange”商标。1914 年，协会进入加工领域，生产橘子酱、橘子汁等产品。1952 年，协会更名为新奇士橘农协会。20 世纪 60 年代，新奇士橘农协会开始扩展海外市场，1966 年出口柑橘达 1 240 万箱。目前，新奇士橘农协会拥有成员 6 500 户，涵盖所有加利福尼亚州和亚利桑那州的柑橘生产者。

企业化管理，专业化经营

新奇士橘农协会是一个非营利性的合作社组织，财产由成员共同拥有，在市场运作上采取公司管理模式，实行职业化和专业化经营管理，聘用专职总经理。协会组织结构由社员大会、董事会、总经理、员工四个层次组成。社员大会由全体会员组成，在重大事件上，所有人投票进行集体表决；董事会由社员推举产生，代表社员利益，提出事业发展方向，制定协会发展规划；专职总经理实行择优聘用制度，进行专门化、科学化管理；员工负责日常业务的正常开展，为社员提供最低成本、最高质量的服务。协会使用统一种植标准、统一商标、统一价格、统一做广告、统一调配出口，避免成员之间的价格竞争。协会运作资金主要来自政府对果农的退税和对农业的预算补贴，以及会员缴交的会费。

新奇士橘农协会的运作模式之一是合同制，果农、包装厂等自愿加入成为股东之一，在产前、产中和产后各环节形成合同制的利益分配机制。产品流程是先由协会驻世界各地的代表处将订单传回总部，总部将订单分散到 60 多个打包厂，打包厂根据订货情况，与果农签订收购合同。

实行完善的信息化、数字化产销管理。协会除了建立起区域性乃至全球性的销售网络信息体系及客户管理系统外，还建立起果树信息档案管理系统，对每一株果树的品种、品质特性及成熟期都有记录，其中成熟期能够精确到周，大大提高了果品收购速度，从接到订单到装箱运输只需两三天。

积极推广新技术。为了适应市场的需求，通过新技术的应用与推广、品种改良等手段，调节果实成熟期，使果品分期上市，形成了 4—10 月成熟的夏橙和 10 月至翌年 4 月成熟的脐橙的品种系列，使果实成熟期分布全年，在不同时期均有果品上市。

注重质量，提高附加值。为确保果品质量，每逢收获季节，合作社自己的科技人员专门向果农讲授采摘技巧，果农在水果成熟后，给合作社打个电话，包装厂就派人去摘果。合作社拥有 61 个包装厂，向果农提供摘、选、包全程服务。摘果过程中进行第一次人工挑选，摘完后采用全套流水线全自动选果及包装，洗净弄干后按使果品大小、色泽一致，按三种规格包装，每个包装厂都有十几位质量检测人员，为每箱水果打上标记，一旦发现问题，可迅速追查责任人。而且，新奇士的专职督察员会每天前往包装厂和批发商与零售商处巡视，确保质量规定的落实。那些外表长得难看或者是体积太大或太小的水果，则直接送到合作社的加工厂制成饮料。果皮还可以加工成饲料等副产品，剩余废料则作为电厂燃料，充分利用资源。

帮果农打开国际市场。新奇士水果70%在美国和加拿大销售，30%出口到其他国家和地区。合作社在国外设有20多个销售代表处和分支机构，在53个国家有45家总代理。这些驻外机构负责市场调查和促销。根据各地需求情况，向国内下订单。国内合作社根据订单要求，协助果农出口。通常情况下，从接到订单到装箱只要两三天。由于采取冷藏等先进保鲜手段，一般保鲜期可达30天左右。为扩大出口，新奇士合作社可真是动了不少脑筋，合作社办公大楼的许多会客室都是以国家或地区的名字命名的，给来谈生意的人有一种亲切感。

合作社为果农做了大量的工作，收费却不高。比如每销售一箱橙子(约18千克)，扣除3.5美元的打包成本费给打包厂，再扣除市场销售管理费45美分和广告费20美分，用于合作社所有人员的工资和维持工作运转，其余销售收入全归果农。

打造全球知名品牌

为了提升品牌的影响力，“新奇士”重视通过广告宣传，引领大众消费理念，培养消费者对“新奇士”品牌的喜爱。“新奇士”在广告中最早提出“喝柳橙汁”的建议，从而推动了整个柳橙汁产业的发展；最早宣传柑橘中含有丰富的维生素C，以及对身体带来的益处。“新奇士”在广告中指出没有柠檬的茶不算茶，吃鱼的时候滴几滴柠檬汁味道会更好，并开创了每杯水都要加一片柠檬的潮流。通过改变人们消费“新奇士”产品的习惯，逐渐扩大消费市场。同时,“新奇士”还积极参与各种社会活动,如赞助橄榄球冠军锦标赛、向青少年球队捐赠水果、举办“柑橘小姐”评选活动、设立“柠檬小姐”专栏介绍各种用柑橘、柠檬做的美食,进一步提高“新奇士”的知名度。

在国际市场上,新奇士橘农协会凭借品牌优势,推出了商标授权计划,授权全世界各地有能力的合作伙伴使用其商标,在“新奇士”的监督下进行生产销售。已在53个国家和地区进行了授权,拥有45个执照持有者,年销售额达11亿美元,品牌市值超过70亿美元。有数十种不同的产品使用“新奇士”品牌,显著增加了国内外消费者对“新奇士”品牌的认知度;不菲的专利费收入极大提高了新奇士橘农合作社成员的收益,使广大农民能够坐享品牌带来的利润。同时,每个授权使用“新奇士”商标的组织都是新奇士海外加工产品的大宗购买者,为“新奇士”增加数百万美元的收入。

新奇士橘农协会的作用

美国新奇士橘农协会保证了在土地私有化和生产独立性的前提下,通过参与者的联合从而现实了各成员的利益最大化。在协会内部,各成员是独立的柑橘生产者和经营者,他们拥有土地的所有权,他们通过协会统一组织起来,实现了从农药和化肥的购买、新技术的推广应用、果实的加工、产品的销售及出口等的产供销一体化。

有效化解小农户与大市场的矛盾。在市场上,每个橘农只是价格的被动接受者,无法通过改变自己的产量来影响市场价格。由于果品需求缺乏弹性,在丰收年份,果品供大于求,价格下降,而需求量增加有限,“卖难”问题突出,橘农收入减少,很可能导致果农改种其他作物。而在歉收年份,上市果品供给不足,但市场对果品的需求不变,引致价格上升,果农收入反而增加了,导致果树种植数量又将多起来。因此,分散的农户竞争的结果是果品的生产成本与收益相当,果农的收成只能弥补生产中消耗的各项支出和机会成本，无法获得更多的利润。另外，果农在市场上是势单力薄的，在市场交易中，由于信息不对称，农户只能处于谈判的被动地位，没法卖到好价钱。新奇士橘农协会为解决这些问题发挥了重要的作用，它通过柑橘生产者的有机联合及有效管理，以团体的力量进入市场，统一品牌和价格，调节供求平衡，抵御市场风险，从而增加农户收入。当柑橘大丰收时，进行贮藏和加工，避免了供大于求引起价格下降。

实行信息化管理，根据市场需求组织生产。为解决单个果农与大市场信息不对称问题，新奇士橘农协会建立了产销信息档案，实行产品信息化管理。果农通过详尽的信息资料，了解市场需求和供给情况，合理组织生产，极大地保障了农户的利益。

建立营销网络体系，快速应对市场需求。协会按照现代企业的运作模式，建立高效的管理和决策系统，聘请专业人士对产品实行销售策划。如 1999 年中国和美国签订中国加入世界贸易组织协议后，该协会立即制定了快速抢滩中国市场的策略。一个装满 20 吨新奇士橙的集装箱即刻从美国长滩离港飞往上海。新奇士促销团抵达上海，一下飞机就抢先举行了新闻发布会，接着促销广告实行地毯式轰炸，1 800 箱新奇士橙子在两小时内被销售一空。

产业化经营，提高产品附加价值。新奇士协会利用自己的组织系统，将保鲜、加工、包装、运输等环节连接起来，建立产加销一体化经营模式，提高水果附加价值，让果农分享到产后环节的利润。

思考题

1. 新奇士合作社成功的主要原因是什么？
2. 果农为什么参加新奇士合作社？
3. 新奇士合作社推进决策执行的经验性做法是什么？

案例分析

第一,执行决策方案时要多从参与者的角度出发考虑问题。机关工作决策的目的是为了服务广大职工或群众,而不是为了让决策者本人收益。在制定决策方案时,要找准出发点,站在广大职工或群众的角度上看问题、想办法,决策方案才能够获得参与者的肯定和支持。如果只站在决策者的角度看问题,决策方案的要求很可能与参与者的习惯性想法或行为存在冲突,在没有相应的利益的情况下,参与者不愿意改变自己的想法或行为去参与决策方案的执行。

第二,决策方案取得的成效要有长期性、能够持续。决策方案的成效不应该仅体现在考核检查的时刻,在考核检查过后这个决策方案依旧能够持续,还能取得同样的效果,才是一个好的决策方案应该做出的成绩。以植树为例,执行者把树种了下去,一周后检查发现树活了,这是阶段性的成功,并不代表着植树工作的成功,如果两年后这棵树依旧活着、枝繁叶茂,才表示植树工作的成功。有的决策只能取得短期的效果,时间一长就失去了作用,这种昙花一现的决策不是一个成功的决策。

决策效果的持续性需要决策者提供相应的支持、创造良好的环境。在本案例中,新奇士合作社对果农提供的信息的支持、生产技术的支持、产品品牌和包装的支持等,新奇士合作社与果农签订生产合同降低了生产风险,新奇士合作社大力推广新奇士品牌让所有入社果农受益。新奇士合作社的这些举措为果农的生产提供了保障,果农才会愿意加入合作社,安心农业生产。与此相反的是,在案例一中,政府鼓励农民种植蔬菜大棚,但是没有给农民提供相应的支持和保障,有的农民只会种地不会种菜,有的农民缺少市场信息不知道种什么好,有的农民害怕市场风险,只有解决了农民生产中的现实困难,产业扶贫政策才会得到有效落实。

案例四 以色列的节水农业推广

案例正文

以色列是一个土地贫瘠、水资源奇缺的国家，年降水量约 200 毫米，全国 90%的土地是沙漠，一半以上的地区属于干旱和半干旱气候。但随着节水技术的发展，以色列在沙漠上创造了一片绿洲，取得了举世瞩目的成就。

滴灌技术保证农业发展

长期以来，水资源问题始终是制约以色列农业发展的主要因素。随着工业的发展和科学技术的进步，以色列不断创新节水农业灌溉技术与方法，力争以少量的水生产出更多的农产品。

以色列的农业灌溉技术经历了大水漫灌、沟灌、喷灌和滴灌的几次革命，每次革命都是农业节水技术的一次大飞跃。20 世纪 50 年代，以色列就以喷灌技术代替了传统的大水漫灌方式。到了 60 年代，一位水利工程师偶然看到自家花园中水管漏水而滴湿了植物的现象，提出了滴水灌溉的想法。后来由于塑料工业技术的发展与普及，使得滴灌技术的实现不仅成为可能，且日臻完善。现由 NETAFIM 滴灌公司生产的滴灌设备每小时可供水 1～20 升不等，此种灌溉方法非常适用于精细种植。

与其他灌溉技术相比，滴灌技术有以下五方面的优点。一是节约了水资源。滴头直接将水输送到根系附近的土壤中，减少了水蒸发损失，大大提高了水资源利用率；肥料可以与水一起直接输送到植物根部附近的土壤中，既节省了施肥所需的劳动，也能够实现均匀施肥。二是使土壤保持良好的通气性，降低土壤的盐碱化程度；由于水和肥料只集中在植物的根系部分，其他部分水和养分较少，还大大减缓了农田中杂草的生长。三是减少了灌溉工作量。灌溉时，农民不必守在田间，可同时从事其他的施肥、剪枝、收割等工作。四是可减少农药的用量，节省资金和劳动力投入，降低种植的生产成本。五是滴灌避免了水与叶子的直接接触，可以用微咸水灌溉而不灼伤叶子。

以色列大部分农业生产都采用滴灌技术。研究表明，大水漫灌的水利用率仅为45%，喷灌为75%，而滴灌可高达95%。采用滴灌技术后，以色列农业用水总量30年来一直稳定在13亿米^3，而农业产出却翻了5番。由于管道和滴灌技术的成功，全国灌溉面积从16.5亿米^{2}增加到22亿～25亿米^2，耕地从16.5亿米^{2}增加到44亿米^2。现在，以色列从滴灌技术中又派生出埋藏式灌溉，以及喷洒式灌溉、散布式灌溉等其他的灌溉方式。

利用中水促进水资源利用

农业生产需要大量的灌溉用水，相比而言，农业用水比饮用水等其他用途的水质指标要低，以色列想到如果把工业与城市生活产生的污水集中进行净化处理后产生的中水直接用于农业灌溉，可以最大限度地降低废水处理的成本。

目前，以色列是世界上循环利用水资源效率最高的国家，平均每年有3.2亿米^{3}的废水经过处理以后用于农业生产，污水处理后利用率达到70%，居世界首位。这些处理过的污水中，1/3用于灌溉，能够满足约20%的农业灌溉用水需求。

位于特拉维夫市附近的沙夫丹污水处理厂，是以色列最大的污水净化中心，日处理污水能力达到30多万吨，负责周边200多万人口的生活废水和工业污水处理。由于污水处理技术的更新，处理方法由最初的大面积水池集水日晒分解污水中的化合物发展到现在的新型现代化处理净化方法，不仅大大减少了污水处理装置的占地面积，而且处理能力和生产效率也大为提高。以色列政府还在污水处理厂的周围还铺设了许多条中水管道，从污水处理厂通向内盖夫沙漠的不同地区，供农业灌溉使用。

通过循环利用，有效节约了水资源，也在很大程度上避免了各种废水的大量排入对有限的土地资源与环境所造成的污染与侵蚀，对于农田和农村生态环境保护具有积极作用。

此外，以色列还不忘因地制宜修建集水设施，尽一切可能收集雨水、地面径流和局部淡水，供直接利用或注入当地水库或地下含水层。

科学管理避免水资源浪费

水资源是以色列的稀缺资源，为了避免有限的资源被浪费，以色列政府对水资源的使用进行了严格管理。先后制定了《水法》、《水计量法》、《水井控制法》、《经营许可法》等一系列法规，并予以严格执行。

以色列《水法》规定，全国境内的所有水资源都属国家所有，这样就牢牢掌握了水资源的控制权，即使土地的所有权归公民个人，但该土地上的水资源管理、使用的权限仍归国家。《水法》还规定，水资源只能专门用于国家经济建设需要和居民生活需求，并设立水利委员会为全国水资源管理的专门机构，负责制定水政策、发展规划、用水计划和供水配额，以及水土保护、防治污染、废水净化、海水淡化等有关水资源开发与管理的具体工作。委员会内设有一个理事会，成员中的1/3为政府部门指派，2/3为各行业的用水单位代表。每年水利委员会都会把75%的用水配额分配给农业经营者，用于农田灌溉。然后由委员会的理事会根据农业生产中各种农作物，如蔬菜、花卉和水果种植的不同用水量，制订出不同的用水分配定额。

由于以色列水资源时空分布不均，北部资源占全国80%，可供灌溉的土地却仅占35%，为了能把水从资源丰富的地区输送到缺水地区，保证旱季也能不间断供水，1953 年以色列实施了全国水利工程，开始建设全国性水网工程。建设全国性水网管道不是一件容易的事，需要把高压输水管线埋入地下，虽然投资大且受地理限制，但这种方法最能减少水分损失，从长远计利大于弊。该工程直至 1964 年才最终建成，耗资 1.47 亿美元，修建主管道 130 千米，400 个扬水站，5 000 千米输水管道，实现每年输水 13.5 亿米^3。

此外，以色列还出台了一系列鼓励节约用水的政策措施。比如，为了鼓励农民节约用水，通过市场价格杠杆调节水资源用量。一方面要求农业经营者交付水费，但对于使用中水者，则降低费用标准；如果使用由农庄和农户自己简单处理过的水质不太好的水，则费用更低。另一方面，对于用水量大的农业经营者进行价格惩罚，以色列规定如果用水量超过配额范围的一半，后一半配额的水价高于前一半，这样广大农民就需要认真思考是否必须多用水。

科教兴农强化科技支撑

以色列农业发展主要受益于科技，因此农业投入也主要用于农业科研。以色列政府把“科技兴农”作为一项基本国策，每年的农业科研经费支出达上亿美元，占农业产值的 3%。

以色列的“科技兴农”政策明确，在科学方面，在研究领域内要达到国际水平，鼓励建立以杰出科学家为核心的高水平研究中心；在技术方面，集中全国力量，以专业化方式，在有限的几个领域和机构，力争取得突出成绩。比如，建立于 1921 年的以色列农业研究组织是世界著名的农业科研机构之一，承担以色列全国 3/4 农业科研任务的，现有水土、大田与园艺作物、园艺、动物科学、农产品储藏技术和农业工程等 7 个研究所及分布全国的 7 个实验站，有研究人员 1 000 多人，其中博士教授 300 多人。

以色列政府不但重视抓基础研究，更重视以基础研究促应用研究的发展，通过宏观调控和具体指导，鼓励农民采用新技术。以色列农业从种子、育苗、栽培、灌溉、施肥、收割、加工、储藏、温室等每个环节，都努力追求最佳效益，发展成高度专业分工的科技密集型产业。比如，用生物技术改良的番茄，不但产量倍增，而且口味好、耐储存，现已开发出 40 多种，种子出口每千克价格达数千美元，占欧洲西红柿用种量的 40%。

节水灌溉市场前景广阔

以色列拥有成熟的节水灌溉技术和先进的灌溉设备，由于节水效果好、用水效率提高，这些技术和设备成功打入国际市场，创造出巨大的产值。

位于南部内格夫地区的耐特菲姆滴灌技术设备公司，有雇员 1 400 多人，现已发展成为以色列和国际上著名的滴灌设备大型企业。除在以色列本土设有四家设备工厂以外，还在美国、法国、澳大利亚、中国、南非、巴西和印度等 20 多个国家设立了办事处，拥有雇员近 4 100 人，产品销售和服务遍及 70 多个国家和地区，年产滴头 300 多亿只，年销售额超过 2 亿美元，占全球灌溉设备市场总销量的 70%。以色列的滴灌设备制造商耐特菲姆公司和污水过滤装置制造商阿科公司每年都要推出多种新产品，所生产的灌溉设备 80%用于出口。

1995 年，以色列的农用物资出口额为 12 亿美元，其中灌溉设备出口额为 2 亿美元，占总出口额的 18%，仅次于化肥而居第二位。以色列正是依靠这一整套节水制度与措施，在河谷地区有了发达的农业，在沙漠中建起了片片绿洲，使以色列的农业跻身于发达国家的行列。

目前，以色列滴灌设备生产者每年都会推出 5～10 种新产品，80%的灌溉设备都用于出口。

思考题

1. 如何评价一个决策是否科学？

2.政策制定的基本要素有哪些？请举例说明。

3.以色列推广节水农业取得成功的关键是什么？

案例分析

第一，评价某决策是否科学，首先，要看决策的效果是否符合预期。决策的效果是指决策实施后，能够产生预期的结果，并且带来预期的效果。如果决策实施后，只有结果没有效果，如同没有达到预期目标；只有产生的结果带来了预期的效果，才是决策的最终目的。从发展节水农业的决策看，决策实施后既有结果又有效果，符合预期目标。其次，要看决策的过程。比如，某羽绒服卖家在夏天羽绒服价格最低的时候进了一批羽绒服，准备留到冬天销售，由于当年是罕见的暖冬，羽绒服销量不好，该卖家的羽绒服大量积压，没有产生预期的盈利。在夏天购进羽绒服的决策是一个错误的决策吗？如果仅从决策结果看，这是一个错误的决策，如果考虑到决策的过程，这不是一个错误的决策，消极决策效果是由于不可控因素产生的，是无法预期的，在夏天购进羽绒服是决策者在正常情况下做出的科学决策。从决策过程看，以色列发展节水农业的决策是符合现实情况和客观规律的。

第二，任何决策的落地实施都需要相应的技术支持和保障措施。在发展节水农业中，为农民提供发展节水农业的硬件条件并不困难，困难的是要培养农业发展节水农业的意识、培训农民掌握开展节水农业的技术、让农民养成节约用水的习惯。现实工作中，有的决策落不了地或是效果不持续，根本原因是缺少软件方面的支撑；只有配套了相应的技术支持和保障措施，才能够让决策真正落地、生根发芽。

参考文献

[1] 虎啸. 领导干部不可不知的决策智慧. 南宁:广西人民出版社,2013.

[2] 约翰·S·哈蒙德,等. 决策的艺术. 北京:机械工业出版社,2016.

[3] 王嘉陵. 决策思维. 北京:东方出版社,2014.

[4] 罗伯特·冈瑟. 决策的真理. 北京:人民邮电出版社,2011.

[5] 大卫·R·亨得森,等. 决策的智慧. 北京:机械工业出版社,2016.

[6] 盛思鑫. 谁在误导你的决策. 北京:社会科学文献出版社,2015.

[7] 林伟贤. 决策力. 北京:北京大学出版社,2013.

[8] 约翰·阿代尔. 创造性思维艺术. 北京:中国人民大学出版社,2009.